战胜

管理好你的时间

时时寻求效率进步
事事讲究方法技术

拒绝痛苦的拖延症折磨
重归正常的生活和工作

拖延

DEFEAT PROCRASTINATION

韩美英◎编著

中国出版集团
中译出版社

图书在版编目（CIP）数据

战胜拖延，管理好你的时间/韩美英编著.—北京：
中译出版社，2020.1

ISBN 978 – 7 – 5001 – 6171 – 4

Ⅰ.①战… Ⅱ.①韩… Ⅲ.①时间 – 管理 – 通俗读物
Ⅳ.①C935 – 49

中国版本图书馆 CIP 数据核字（2020）第 016287 号

战胜拖延，管理好你的时间

出版发行/中译出版社

地　　址/北京市西城区车公庄大街甲 4 号物华大厦 6 层

电　　话/（010）68359376　68359303　68359101　68357937

邮　　编/100044

传　　真/（010）68358718

电子邮箱/book@ctph.com.cn

策划编辑/马　强　田　灿	规　　格/880 毫米 × 1230 毫米　1/32
责任编辑/范　伟　吕百灵	印　　张/6
封面设计/君阅书装	字　　数/135 千字
印　　刷/三河市嵩川印刷有限公司	版　　次/2023 年 1 月第 1 版
经　　销/新华书店	印　　次/2023 年 1 月第 1 次

ISBN 978 – 7 – 5001 – 6171 – 4　　　定价：32.00 元

前　言

　　说起拖延症，大家或许对它并不陌生，因为它已经成为现代人常见的一大"病症"。

　　拖延症的概念，最初是由爱德华·霍尔于1542年提出的。无独有偶，几乎在同一时期，中国学者钱鹤滩也写下了一首脍炙人口的《明日歌》："明日复明日，明日何其多。我生待明日，万事成蹉跎。"

　　不过，直到工业革命后，拖延才逐渐被定义为"以推迟的方式逃避执行任务或做决定的一种特质或行为倾向，是一种自我阻碍和功能紊乱行为"。

　　要想克服拖延的习惯，就要善于对你的时间进行管理。

　　要充分认识到时间的价值，充分珍惜时间与利用时间，而不能把时间浪费在一些无关紧要的事情上。

　　要懂得赢得时间，与时间进行赛跑，走在时间的前面。

要把自己有限的时间用在刀刃上，集中时间去做最紧要的事情，切不可平均分配你的时间。

同时，要充分珍惜现在的时间，切不可让时间白白地溜掉，让事情拖而不决，白白丧失成功的机遇。

其实，时间对于每个人都是公平的，但由于不同的人对时间的使用和管理不同，最终产生的效果也就有所不同。

法国作家拉布吕耶尔说过："最不好好利用时间的人，最会抱怨它的短暂。"因为他们习惯了拖延，任凭时间白白流逝，最终一无所获。

所以，我们要想收获成功，就一定要努力战胜拖延症，管理好自己的时间。用有限的时间开创更大的事业，走上人生的巅峰！

目 录

第一章
别让拖延症毁掉你的人生

莫等闲，白了少年头，空悲切。

——岳飞

三延四拖，你就是时间的小偷。

——上田敏

少年易学老难成，一寸光阴不可轻。

——朱熹

拖延是人生的大忌

对于有志者而言，拖延是人生的大忌。"机不可失，时不再来"，这是任何人都明白的道理，但是总有一些喜欢拖延的人，他们面对机会总是犹豫不决，让机会白白地错过。他们天天在考虑、在分析、在迟疑、在判断，迟迟下不了决定，总是优柔寡断。好不容易做了决定之后，又时常更改，不知道自己要的是什么，抓怕死，放怕飞。终于决定实施了，他们第一件事就是拖拉、不行动，告诉自己"明天再说""以后再说""下次再做"。即使采取了行动也是"三天打鱼，两天晒网"。这样的人，会永远一事无成，终生与失败为伍。

"明日复明日，明日何其多。我生待明日，万事成蹉跎。"在坏习惯中拖延的习惯是最有害的。没有别的什么习惯，能够比拖延更能使人懈怠。拖延是可怕的敌人，是时间的窃贼。它会损坏人的性格，消磨人的意志，使你对自己越来越失去信心，怀疑自己的毅力，怀疑自己的目标，怀疑自己的能力，从而让人变得一事无成。它还是人生的最大杀手，让人在生活和工作中忙乱不堪，让人失去与他人合作的机遇，更让人失去在工作和事业上成功的机会，从而让失败一直伴随着自己，让自己一无所有。

相反，成功只属于拒绝拖延、做了再说的人。做是生存的根本，只有敢做，才能抓住机会，占领先机，才能把愿望付诸实践，才能让成功属于自己。一个小小的行动，往往就会带来意想不到的结果。世界上的任何一件事、任何一件创举都是由行动者产生的，成功的第一步就是去做，天底下没有不去做的成功，只有做才能成功。

因此，在生活和工作中必须做到拒绝拖延、做了再说。唯有行动才可以改变命运。十个空洞的幻想不如一个实际的行动。比尔·盖茨说过，有了好的想法，就马上去做！只有立即付诸行动，我们才可能取得成功。当我们决定做一件事时，就不要再踌躇、犹豫，与其蹉跎岁月还不如大胆地去尝试，以积极的态度去行动。去做虽不等于成功在握，但是如果不去尝试或根本不去做的话就意味着没有任何成功的机会。

"不积跬步，无以至千里"，让我们激发心中的动力，拒绝拖延，行动起来，在一步一个脚印中，打造自己的成功人生。

拖延是对生命的浪费

昨天有昨天的事，今天有今天的事，明天有明天的事。如果放着今天的事情不做，一定要留到以后去做，那就是对生命的一种浪费。

如果人们有了好计划后，并不去快速执行，而是一拖再拖，就会让热情逐渐冷淡，梦想逐渐消失，计划最终失败。

有许多事情刚开始做，会让人感到快乐有趣，但如果我们拖了一些时日再做，便会感到困难。写信就是一个很好的例子，一收到信就回复是最为容易的，但如果一再拖拉，那封信就很难回复了。因此，许多公司都规定，一切商业信函必须在当天回复，而不能让这些信函搁置到第二天。

决定好的事拖着不去做，还会对人们的性格产生不好的影响。只有按照计划去执行的人，才有可能改善自己的性格，使自己受到他人的尊敬。

每个人都能下决心做大事，但是，只有一部分人能够贯彻执行，也只有这部分人是最后的成功者。

每当一个生动而强烈的灵感闪耀在作家的脑海里，他就会产生一种冲动，要把那灵感描写在纸上。但是，如果他在那时有些不便，没有时间执笔，一拖再拖，那么灵感就会变得模糊，最后完全消失。

最糟糕的是，拖延可能造成悲惨的结果。

有的人身体有病却拖着不去就诊，不仅身体受到了极大痛苦，病情还可能恶化，甚至发展为不治之症。

拖延是可怕的敌人，是时间的窃贼，它会损坏人的品格，败坏好的机会，劫夺人的自由，使人变为它的奴隶。我们每个人都应当极力避免养成拖延的习惯。

如果我们要医治拖延的习惯，最好的方法就是立即去做自己的事。多拖延一下，工作就会难做很多。"立即行动起来"，这是一个成大事的人应该记住的话。

下面这两个故事说明了拖延的危害。

有一位名叫西尔维亚的美国女孩，她的父亲是波士顿有名的整形外科医生，母亲在一家声誉很高的大学担任教授。

她的家庭对她有很大的帮助和支持，她完全有机会实现自己的理想。她从念大学的时候起，就一直梦想当电视节目的主持人。

她觉得自己具有这方面的才干，因为每当她和别人相处时，即便是陌生人也都愿意亲近她并和她长谈。她知道怎样从人家嘴里"掏出心里话",朋友们称她是"亲密的随身精神医生"。她自己常说:"只要有人给我一次上电视的机会,我相信自己定能成大事。"

但是,她为实现这个理想而做了些什么呢?其实什么也没做!她在等待奇迹出现,希望一下子就当上电视节目的主持人。这种奇迹当然不会到来。因为在她等奇迹到来的时候,奇迹正与她擦肩而过。

有个落魄的中年人每隔两三天就到教堂祈祷,而且他的祷告词几乎每次都相同:"上帝啊,请念在我多年来敬畏您的分儿上,让我中一次彩票吧!阿门。"

几天后,他又垂头丧气地回到教堂,同样跪着祈祷:"上帝啊,为何不让我中彩票?我愿意更谦卑地来服侍您,求您让我中一次彩票吧!阿门。"

又过了几天,他再次出现在教堂,同样重复他的祈祷。如此周而复始,不间断地祈求着。

终于有一次,他跪着祈祷:"我的上帝,为何您不垂听我的祈求?让我中彩票吧!只要一次,让我解决所有困难,我愿终身奉献,专心侍奉您……"

就在这时,圣坛上空传来一阵宏伟庄严的声音:"我一直垂听你的祷告。可是,最起码,你老兄也该先去买一张彩票吧!"

通过以上两个故事,我们不难看出拖延的危害。然而,哥伦布的故事却可以让我们明白马上行动的重要性。

哥伦布还在求学的时候,偶然读到一本毕达哥拉斯的著作,知道了地球是圆的,他就牢记在脑子里。

经过很长时间的思索和研究后,他大胆地提出,如果地球真是圆的，他便可以经过极短的路程而到达印度了。

当时，许多有常识的大学教授和哲学家都耻笑他的想法。他们告诉他：地球不是圆的，而是平的，然后又警告道，他要是一直向西航行，他的船将驶到地球的边缘而掉下去……这不是等于走上自杀之途吗？

但是，哥伦布对这个假设很有自信。可惜他家境贫寒，家中没有钱让他实现这个冒险的理想。他想从别人那儿得到一点钱，帮助他成就大事，结果他一连空等了17年，还是无人资助。他决定不再等下去，于是启程去见皇后，沿途竟穷得以乞讨糊口。

皇后赞赏他的理想，并答应赐给他船只，让他去从事这种冒险的工作。令人为难的是，水手们都怕死，没人愿意跟随他去，于是一方面哥伦布鼓起勇气跑到海边，捉住几位水手，先向他们哀求，接着是劝告，最后用恫吓手段逼迫他们去。

另一方面，他又请求皇后释放了狱中的死囚，承诺他们如果冒险成功，就可以恢复自由。

1492年8月，一切准备妥当，哥伦布率领三艘帆船，开始了划时代的航行。

航行才几天，就有两艘船破了，接着又在几百平方公里的海藻中陷入了进退两难的险境。他亲自拨开海藻，船队才得以继续航行。

哥伦布的船队在浩瀚无垠的大西洋中航行了六七十天，还不见大陆的踪影，水手们都很失望，他们要求返航，否则就要把哥伦布杀死。哥伦布兼用鼓励和武力，总算说服了船员。

天无绝人之路，在继续前进中，哥伦布忽然看见有一群海鸟向西南方向飞去，他立即命令船队改变航向，紧跟这群海鸟。他知道，海鸟总是飞向有食物和适合它们生活的地方，因此他预料到附近可能有陆地。

果然，哥伦布很快发现了美洲新大陆。

我们可以想象，如果哥伦布一直拖延下去，必然会一生蹉跎，美洲大陆的发现者很可能改换他人，成功者的桂冠永远不会属于哥伦布。

而哥伦布最终成为英雄，从美洲带回大量黄金珠宝，得到国王的奖赏，并以新大陆的发现者名垂千古——这一切都是马上行动的结果。

记住：拖延是对生命的浪费，我们必须马上行动。

拖延不会让事情好转

你也许经常说类似这样的话："我要等等看，情况会好转的。"这种话表明，你已经陷入了一种生活的惰性。

对于有些人来讲，这似乎已经成为他们习以为常的生活方式。他们总是明日复明日，因而也就总是碌碌无为。

还是让我们来听听中国古人的那首《明日歌》吧，或许你读后会颇有感触："明日复明日，明日何其多。我生待明日，万事成蹉跎。"

在现实生活中，我们也不难发现许多充满惰性的人，他们甚至不分事情的轻重，一律拖延。

沙东已经 50 多岁了，结婚将近 30 年，但他经常抱怨自己的家庭生活并不美满。在与咨询专家的交谈中，他表示早已对自己的婚姻生活感到不满。他说："我们的婚姻一直不理想，从一开始就是如此。"专家问他怎么不早离婚，而拖延了这么长时间，他坦率地回答说："我总是希望情况会逐步好起来。"可笑的是，他已经"希望"了近30年，而他的家庭生活依然很糟糕。

在与咨询专家的进一步交谈中，沙东承认自己在10多年前就患了阳痿症，但他却没有看过医生。他开始回避妻子，同时希望这一病症会自然消失。用沙东自己的话说就是："我当初认为自己的身体肯定会好起来。"

沙东的婚姻生活是现代人生活中的一种典型的惰性思维。他对问题采取回避态度，并为之辩解说："如果我暂时不采取行动，问题可能会自己消失的。"

但是，沙东发现问题从不会自然消失，它们总是保持原状。如果没有外界因素的推动，事物本身（环境、情况、事件以及人）是不会有所好转的。

比尔·盖茨曾向他的员工谈起他的成功之道时说："我发现，如果我要完成一件事情，我得马上动手去做。拖延对事情没有一点帮助！"比尔·盖茨先生的这句话放之四海而皆准。

生活也一样，要使生活变得更加充实，必须做出积极努力，立刻行动，不拖延。

拖延让人忙乱不堪

无论做任何事情，只停留在嘴上是远远不行的，关键要落实在行动上。

安东尼是一个部门的主管，每天醒来之后就一头扎进工作堆里，忙得焦头烂额，寝食不安，整个人都快要崩溃了。于是，安东尼去请教一位成功的公司经理。

来到这位成功的公司经理办公室时，经理正在接听一个电话。听得出来，和他通话的是他的一个下属，而这位经理很快就给对方做出了明确的工作指示。刚放下电话，他又迅速签署了秘书送进来的一份文件。接着又是电话询问，又是下属请求，经理都能马上一一给予了答复。

半个小时过去了，终于再也没有他人"打扰"，这位公司经理于是转过头来问安东尼有何贵干。

安东尼站起身来说："身为一个全球知名公司的部门经理，您的办公桌上空空如也，我办公桌上的文件却堆积如山。本来我是想请教您如何做到这一点的，但现在不用了，您已经通过行动给了我一个明确的答案。您是立即把经手的问题解决掉，而我却无论遇到什么事，都是先接下来，等一会儿再说。拖延让我忙乱不堪，我明白自己的毛病出在哪儿了。"

一个人、一个团队能否在自己的事业生涯中取得成功，关键就在于从现在开始不要把事务拖延到一起去集中处理，而是行动起来，立刻去做好正在经手的每一件事。

拖延只会坏事，让我们到头来一事无成。一日有一日的理想和决断，昨日有昨日的事，今日有今日的事，明日有明日的事。

对于我们每个人来说，一生当中都存在着种种憧憬、种种理想、种种计划，如果我们能够将这一切憧憬、理想与计划，迅速加以执行，那么我们在事业上的成就不知道会有多大！

然而，人们有了一些好的计划后，往往不去迅速地执行，而是一味地拖延，以致让充满热情的事情冷淡下去，梦想逐渐地消失，计划最终也会因此而破灭。

能在事业上取得很大成功的人，往往不是那些嘴上说得天花乱坠的人，也不是那些把一切都设想得极其美妙的人，而是那些遇事不拖延的人。

拖延是一种习惯，行动也是一种习惯，为什么不用好的习惯代替不好的习惯呢？认真地考虑一下，拖延的事情迟早要做，为什么要推后再做？马上完成工作以后可以休息，而没完成工作就休息，也许往后要付出更大的代价。

想一想，现实生活当中，有哪些事情是你最喜欢拖延的？现在就下定决心，把它改掉，停止拖延。

拖延让人一事无成

我们每天都有每天的事。今天的事是新鲜的，与昨天的事不同，而明天也自有明天的事。所以今天之事应该就在今天做完，千万不能拖延到明天，因为拖延的恶习会妨碍自己和他人行事。

如果今天的事总是想留到明天去做，在这种拖延中所耗去的时间和精力实际上足够将那件事做好。收拾以前积累下来的尾事，这会让我们觉得相当不愉快！

一般说来，当初一下子就可以做好的事，拖延了几天、几个星期之后，就会显得讨厌与困难了；正如接到信件，当时立刻回复最为容易。在我们的一生中，良机来临时总是一瞬即逝，我们当时不把它抓住，以后就永远失去了。

加蒂担任全美国际销售执行委员会的执行委员时，曾作为该会的代表走访了亚洲和太平洋地区。

在一个星期二，加蒂给澳大利亚墨尔本市的一些商业工作人员做了一次励志谈话。到了第二个星期四的晚上，加蒂接到一个电话，是一家出售金属柜的公司经理梦达内打来的。

梦达内很激动地说："发生了一件令人吃惊的事！你听了后会同我现在一样感到振奋的！"

"发生了什么事？"

"一件惊人的事！你在上星期二的谈话中推荐了十本励志书。我买了《思考致富》，在当天晚上就读了几个小时。第二天早晨我又继续读，于是在一张纸上写道：'我的主要目标是把今年的销售额翻一番。'令人吃惊的是，我竟在 48 小时之内达到了这个目标。"

"你是怎样达到目标的？"加蒂问梦达内，"你怎样把你的销售额翻番的呢？"

梦达内答道："你在谈话中讲到你的推销员亚兰在同一个街区兜售保险单失败而又成功的故事。我记得你说过：'有些人可能认为这是做不到的，但是亚兰做到了。'我相信你的话，我也做了准备，并记住了你给我们的自我激励警句：'立刻执行！'我就去看我的卡片记录，分析了十笔死账。我准备提前兑现这些账，这在以前可能是一件相当棘手的事。我重复了好几次'立即执行'这句话，并用积极的心态去访问这十个客户，结果做了笔大买卖。"

梦达内做到了这一点，所以你也能做到。

所以，现在我们要你学会"立即执行"！

当不着边际的"想法"出现于你的脑海时，如果你因拖延而不用于建功立业，那么这些事情是一件也不会做成的。

"不拖延"这三个字可以影响你生活的方方面面，它能帮助你去做你不想做而又必须做的事；同时也能帮助你，去做那些你想做担一直懒于做的事。它能帮助你抓住宝贵的时机——这些时机一旦失去，就绝不会再回来。

你要记住这一点，不管你想做什么事，想成为什么样的人，想达到什么样的目标，只有立即行动才能让一切变为现实。永远不要拖延，因为那会让你一事无成。

拖延是成功的最大杀手

拖延是对生命的一种浪费。无谓地拖延，是成功的最大杀手。

很多人都有拖延的习惯。清晨，闹钟把你从睡梦中惊醒，想着自己所订的计划，同时却感受着被窝里的温暖。一边不断地对自己说该起床了，一边又不断地给自己寻找借口再等一会儿。于是，在忐忑不安的挣扎中，又躺了5分钟，甚至10分钟。

很多情况下，拖延是因为人的惰性在作怪，每当自己要付出劳动作出抉择时，每当自己对某项工作产生畏难情绪时，每当想逃避某件我们不愿意去面对的事情时，我们总会为自己找出一些借口、理由，总想让自己轻松些、舒服些。有的人能在瞬间果断地战胜惰性，积极主动地面对挑战；而有的人却深陷于"挣扎"的泥潭，被自己的主动性和惰性拉来拉去，不知所措，无法定夺。时间就这样被一分一秒地浪费了。

其实拖延就是纵容惰性，也就是给惰性机会，如果形成习惯，它会消磨人的意志，甚至会使自己的性格变得犹豫不决，养成一种办事拖拉的工作作风。

千万不要给别人留下拖延的印象，那样你会失去很多机会。没有一个人愿意与一个拖拖拉拉、犹豫不决、言行不一的人合作。如果让你的对手知道你有拖延的毛病，他会抓住一切有利的时机，毫不客气地击垮你。

当然，有时拖延是因为考虑过多、犹豫不决造成的。

比如，有一个方案即使在会议上已经通过，经理还在考虑，万一职工有意见怎么办，万一上级领导有看法怎么办，非要再拖它一时半天才去实施。诸如此类的事情，每一天都在我们的身边发生。

适当的谨慎是必要的，但谨慎过头就会优柔寡断，更何况很多像早上起床这样的事是没必要做任何考虑的。

所以，我们要想尽一切办法不去拖延。最好的办法是逼迫法，也就是在知道自己要做一件事的同时，立即动手，绝不给自己留一秒钟的后退余地，千万不能让自己拉开和惰性开战的架势。对付惰性最好的办法，就是根本不让惰性出现。

在事情的开始，总是积极的想法先出现，然后当头脑中一出现"我是不是可以……"这样的问题，惰性就出现了，"战争"也就开始了。一旦开战，结果就难说了。所以要在积极的想法刚一出现时，就马上行动，那么惰性就没有了乘虚而入的可能。

总之，拖延是成功的无形杀手，是人生成功之路中最严重的坏习惯之一，在成功的道路上，我们应该克服拖延。不然，我们就会面临下面案例中李先生的结果。

作为市场部的经理，李先生感觉到压力很大，因为老板要求他必须在下周一的公司例会上提交一份非常重要的市场分析报告。

李先生很清楚这份报告对公司和对他自己的重要性，因为这份报告将关系到他个人年底的绩效考核。可是，他觉得完成这份报告是项繁重的工作。他必须大量加班来收集资料。总之，这是一项足以让他忙得焦头烂额的任务。

他的老毛病——拖延症又犯了，不过像以前的每次拖延一样，他依然找了一个让自己心安理得的借口——我需要好好考虑，好好规划一下。

直到周日，也就是最后一天的时候，他连续工作了 10 多个小时，才将报告完成。

可是，就连他自己对报告的质量都不满意，结果可想而知。到了周一，当他把报告提交给老板时，他已经能从老板那不满的表情中知道了自己今年的绩效考核分数。

就这样，他再一次承受了自己拖延的苦果。

因此，为了我们事业的成功，我们必须克服拖延的坏习惯。

告别拖延症，成就更好的自己

日常生活和工作中，有人做事拖拖拉拉，犹豫不决。干一会儿就想玩一会儿，久而久之，就患上了拖延症。在心理学上，有个专业的名词很好地形容了这种心态——最后通牒效应。简单来说，这种效应指的是对于不需要马上完成的任务，人们总是习惯于在最后期限即将到来时，才努力去完成。

如果换一种角度来进行思考，改变我们喜欢拖延的习惯，就可以高效率地完成手上的事情。这样一来，我们就可以有更多的时间去做自己喜欢的事情。或者我们可以利用这些多出来的时间，想办法去钻研学习，提高自己的能力，慢慢地掌握一些要领，让自己在做工作的时候更加得心应手。这样一来，我们就会在工作的时候进行得非常顺利，慢慢地也就会培养出对工作的兴趣。那些不喜欢的事情，也许就会在这个过程中变得可爱起来，至少，我们不会像之前那样讨厌这些事。

拖延症是可怕的，试想一下，如果医生喜欢办事拖延，那么有可能病人会因此而错过最佳的抢救时期；如果工人进行拖延，有可能会耽误后面的工作；如果学生进行拖延，有可能会在深夜还没有完成作业……拖延在一定条件下，就会变成一头尖牙利齿的怪兽，给我们造成很大的伤害。

因此，我们一定要改变这种坏习惯，学会如何去高效率地利用时间，那才是我们生活的最高秘诀。在生活中，有很多的人对时间的感知是错误的，他们总觉得时间是无穷无尽的。今天过去了，还有明天；明天过去了，还有后天……却没意识到，"一生待明日，万事成蹉跎"。这可是古人都明白的道理。

著名的思想家苏格拉底曾经说过这样的话："当许多人在一条路上徘徊不前时，他们不得不让开一条大路，让那些珍惜时间的人赶到他们的前面去。"由此可见，只有不拖延的人，才能更快地成功。

如果你是一个拖延症"患者"，从现在开始，你应当慢慢矫正自己的拖延症，让效率和自信回归，这样，你才能成就更好的自己。

第二章
目标清晰才能避免拖延

没有目标，哪来的劲头？

——车尔尼雪夫斯基

在一个崇高的目标支持下，不停地工作，即使慢，也一定会获得成功。

——爱因斯坦

所有成功人士都有目标。如果一个人不知道他想去哪里，不知道他想成为什么样的人、想做什么样的事，他就不会成功。

——诺曼·文森特·皮尔

树立目标才能告别拖延

有人曾经说过："即使是最弱小的生命，一旦把全部精力集中到某一具体的目标上，也会有所成就，而最强大的生命如果把精力分散开来，最后也将一无所成。"可见目标对于人生的重要性。

没有明确目标的人，不知道自己将要去哪里，所以很容易拖拖拉拉，磨磨蹭蹭；而只有树立一个明确的目标，才能促使你立刻行动起来，不再拖延。

有一个成长在旧金山贫民窟的小男孩，小时候因为营养不良而患上了软骨病，6 岁时，双腿因病变成弓字形，使小腿进一步萎缩。

但是他从小就有一个梦想，就是将来成为一个最伟大的美式橄榄球的全能球员，这就是他的"目标"。

他是传奇人物吉姆·布朗的球迷，每逢吉姆所属的客利福布朗士队和旧金山四九人队在旧金山举行比赛时，小男孩都不介意双腿的不便，一拐一拐地走到球场去为吉姆加油。

他太穷了，根本买不起门票，只好等到比赛快要结束时，乘工作人员推开大门之际混进去，观赏最后几分钟。

在他 13 岁时，他在布朗士队与四九人队比赛之后，终于在一家冰激凌店与心中的偶像碰面，这是他多年的愿望。

他勇敢地走到布朗面前，大声说："布朗先生，我是你忠实的球迷！"吉姆·布朗说："谢谢你！"小男孩又说："布朗先生，你想知道一件事吗？"

布朗转身问："小朋友，请问何事？"

小男孩骄傲地说："我记下了你的每一项记录，每一次运动。"

吉姆·布朗快乐地微笑着说："真不错。"

小男孩挺直了胸膛，双眼放光，自信地说："布朗先生，终有一天我会打破你的每一项纪录。"

听完此话，吉姆·布朗微笑地对他说："孩子，你叫什么名字，好大的口气！"

小男孩十分得意地笑着说："先生，我叫澳仑索！澳仑索·辛普生。"

澳仑索·辛普生在以后正如他少年时所讲，他打破了吉姆·布朗一切的纪录，同时又创下了一些新的纪录。

人生需要存志高远。只有明确的人生目标，你的行动才会有方向，进而避免拖延。

相反，如果你没有一个明确的目标，可能就会浑浑噩噩地度过一天。到了临睡前想一想，这一天都在拖拖拉拉，日晒三竿才起床，坐在马桶上玩了一小时手机，边吃早餐边看电视，吃完已经下午两点。一天下来，你好像什么事情都没有做成。

一天是这样，一个月也是这样，那些缺乏目标的朋友不妨想一想，你在今年这个超长假期中做了些什么事呢？有完整地看一本书吗？有坚持锻炼身体吗？

同样，我们的一生也是这样，如果没有一个明确的目标，你就将一生拖延，一事无成，到了耄耋之年仍然迷惘于时间都去哪儿了。

只有给自己树立一个明确的目标，你才能真正告别拖延，朝着目标飞速前进。总有一天会到达成功的终点。

必须找到正确的人生定位

生命的价值不在于它的长短，而在于是否能摆正自己的位置，实现自我价值。

那些想要成功的人一生都在追求一种价值。他们想要知道什么是珍贵，什么是微不足道。可是，有些人却没有考虑过自身的价值何在。

热门话题、流行时尚，理想职业，最新潮流……在社会的喧嚣中，在别人的影响下，有些人迷失了自我，看不清自己真正的价值，总是按照别人的看法设计自我，可是，你应该牢记：要做一个不拖延的人，就应该将自己的人生自己把握，不能让自己"生活在别处"。

一般人总是相信，当他们投身于时下最为热门的行业，就俨然处于社会光环的中心，就会得到权力、地位和财富，实现自我的价值。不过，等他们花尽毕生的力气追求之后，他们才恍然大悟，原来自己真正应该做的事情没有做，自己所追求的很多热门根本不适合自己，或者根本就没有意义，只是炫目的泡沫。

在美国的一个小酒吧里，一位年轻小伙子正在用心地弹奏钢琴。说实话，他弹得相当不错，每天晚上都有不少人慕名而来，认真倾听他的弹奏。

一天晚上，一位中年顾客听了几首曲子后，对那个小伙子说："我每天来听你弹奏都是这些曲子，你不如唱首歌给我们听吧。"这位顾客的提议获得了不少人的赞同，大家纷纷要求小伙子唱歌。

然而，那个小伙子面对大家的请求却变得腼腆起来，他抱歉地对大家说："非常对不起，我从小就开始学习弹奏乐器，从来没有学习过唱歌。我长年累月地坐在这里弹琴，恐怕会唱得很难听。"

那位中年顾客却鼓励他说："小伙子，正因为你从来没有唱过歌，或许连你自己都不知道你是个歌唱天才呢！"

此时，酒吧的经理也出来鼓励他，免得他扫了大家的兴。

小伙子认为大家想看他出丑，于是坚持说只会弹琴，不会唱歌。酒吧经理说："你要么选择唱歌，要么另谋出路。"小伙子被逼无奈，只好红着脸唱了一首《蒙娜丽莎》。

哪知道，他不唱则已，一唱惊人，大家都被他那流畅自然、男人味十足的唱腔迷住了。在大家的鼓励下，那个小伙子放弃了弹奏乐器的艺人生涯，开始向流行歌坛进军。这个小伙子后来居然成了美国著名的爵士歌王，他就是著名的歌手纳京高。

要不是那被逼无奈地开口一唱，纳京高可能永远坐在酒吧里做一个三流的演奏者。

"人摆错了位置就永远是庸才。"其实很多时候是自己把自己当成了垃圾随地乱扔，荒废了自己的才能。身处市场经济的时代，市场经济的运作十分强调把资源配置到最能发挥效率的地方，应该认识到，人自身也是一种资源，应该寻找最适合自己的岗位，并对自己的兴趣保持一份坚定与执着。

印象派大师凡·高的画，许多人看过后都留下深刻的印象，他那黄色炽热的色彩和充满动感的线条，给予我们强烈的感受。

凡·高的一生有着坎坷的境遇，他从 26 岁才正式开始学画，他在给弟弟的信中说，我学习绘画很晚，而且我的生命很可能也只剩下十年的时间了，因此要加紧创作。果然，他在 36 岁就过世了，但是仅仅十年间却留给我们许多不朽的作品。在艺术上的成就，他开创了一个新的时代。

不拖延的人都会明确地给自己一个定位，他们从不怕别人的鄙夷，而是怕自己找不到自己的方向。谁说你不能取得非凡的成就？除非你自己！没有人能够给你的人生下任何的定义。

你要找准自己的人生定位，才能避免浪费自己的才能，耽误自己的前途发展。从现在开始，不要继续在不适合你的位置上消耗生命，好好想想自己喜欢的是什么、适合的是什么。只有给自己一个正确的定位，才能避免拖延时间与生命。

制订人生规划要趁早

我们都知道，国家要制订"五年计划""十年规划"等不同阶段的发展计划，来促进国家的发展，同样的道理，对个人来说，不断制订、调整有利于个人发展的人生计划也是十分必要的。因为只有制订合理的人生规划，才能让我们按部就班地顺利抵达终点，避免因为忙乱无头绪而拖延时间。

所谓"人生规划"，就是把未来想做什么、如何做，在多少岁时做些什么事情做成计划，然后按照这些计划去努力，可以把它分为"事业规划"和"生活规划"两部分。比如说，事业规划可以包括：想从事什么样的行业，希望自己多少岁前做到什么样的程度等；生活规划可以包括：什么时候结婚、生子，自己要培养哪方面的兴趣、特长，是否再进修等诸多项目。方向定了，就朝着这个方向前进，并充实必要的条件。

人生规划，能够让人找到一生的指针和目标。有时候，人也会遇到一些无法预料的事情，所以我们的规划还必须适应主客观的形势，适当灵活地做出某种调整，避免全盘推翻，因为这会浪费过去的努力，也不能适应现实的发展。

最重要的一点是人一旦有了规划，就会彻底执行，并且有面对问题和挑战的勇气。不会因循苟且，使规划绝不大打折扣，直到实现为止。

很多不拖延的人不会认为未来是个未知数，虽然一切随缘这种说法也有道理，不过"随缘"说起来容易，但是真的要达到这种境界却很难，因此面对不可知的未来，他们做到的是能坦然面对。这就像在森林中迷路一样，不知走向哪里才好，因此他们在事前就做好了人生规划。虽然有时规划会因条件的变化而有所改变，但总比茫茫然不知何去何从，心里来得踏实。

规划人生能够帮助你把握前进的航向，找准自己的定位，实现人生的目标。在规划的过程中，你还可以更充分地认识到自己的优势和不足，并自觉加以调整，争取达到生命的最佳状态。

心理学家认为："一个人的一生，总有大大小小的期望。期望是一个人的精神支柱。如果一个人没有了任何追求，他就很难愉快地生活下去。"这话绝对是真理。我们可以仔细地想一下争气的人，争气的人每天是不是都有自己的追求，有着新的想法？是的，争气的人的一生充满了各种不同的追求，小到完成一篇文章、攒钱买一台电脑、拿下自学考试文凭，大到成立自己的公司等，一个目标实现了，新的目标又出来了。如此循环往复，终其一生。

对我们来说，在设立自己的目标时，一般可分短期目标、中期目标和长期目标。可以根据在工作的不同阶段，通过对形势发展进行的分析，确定下一步的目标。将计划进程的详细步骤列出来，可帮助自己有效地对付工作或环境等条件变化可能带来的不利影响。与自己的同事、朋友、上司和家人共同探讨、努力，争取实现每一阶段的目标，或者改进计划，使之更加切实可行。

定立了目标之后，不管目标是什么，都必须有务必实现的决心，才能称之为"目标"，如果目标只是停留在纸上，那就失去了它应有的意义。所以，我们要像争气的人学习，我们在定立了明确的目标之后，就要尽快地达成，这是最重要的先决条件。

当然，规划未来并不能保证将来摆在面前的一切困难和问题都得到解决或变得容易，也没有可以套用的现成公式。但是它有利于你及早发现和较好解决新难题，比如，你是否需要通过培训来增加某方面的知识，是否考虑调换一下工作岗位或职业等问题。

规划未来有助于提高你解决问题和调整心理的能力。当你想成就一项事业时，它会告诉你在每一步该干些什么、怎么干，有哪些问题需要注意。

虽然规划无法预见未来社会将发展到什么程度，也不能预见我们每一个人的命运，但是，按照对未来的规划有条不紊地循序渐进是最重要的，它会让我们有条不紊，少走弯路。只有这样，你才能达到在工作中不断发展自己的目的，才能让自己的人生理想不至于变成梦幻的气泡。

如何规划未来需要注意的问题很多，如果将目标定得太低，就无法充分发挥个人的潜力；目标定得太高，就无法实现。在规划未来时，我们必须衡量自己的能力，适当的高于自己能力可做到的程度，那才是好目标。

远大的目标总是与远大的理想紧密结合在一起，那些改变了历史面貌的人，无一不是确立了远大的目标，这样的目标激励着他们时刻都在为理想而奋斗，因此他们成了名垂千古的伟人。

只有尽早给人生制订一个合理的规划，才能让我们少走弯路，早日成功。

目标是行动的指南

人生就像赛跑一样，有了目标，你就会紧盯着目标，最终才能冲过终点。很多拖延症患者缺乏的就是目标。他们没有短期的工作目标，也没有长期的人生规划，最终任由拖延滋生，贻误一生。

有人说，年轻就是资本，年老就是财富。这句话是说，随着年龄的增加，经历丰富了，见多识广了，这本身也是一种财富。大多数人在年轻的时候，都有过远大理想和抱负，都曾经雄心勃勃。几乎每一本成功和励志的书中都告诉我们：不想当将军的士兵不是好士兵。成功的人都有一个伟大的梦想。

但随着时光的流逝，年龄的增长，许多人发现，自己距离年轻时候的理想和抱负非但没有靠近，反而离得越来越远了。回头想想自己走过的路，也努力过，奋斗过，也曾经流下了不少汗水，怎么自己就没有成功呢？

问题出在哪里呢？问题就出在他们没有把自己的理想，变成一个确定的目标，没有把勃勃的雄心，变成至高无上的目标和扎扎实实的行动。

人自身就是一座金矿，要有完善的计划才能把它开采出来。

为什么不为自己的人生做一个规划设计呢？

不为自己规划设计的人是对自己不负责任的人，没有规划设计的人生必定是杂乱无章的人生。

爱因斯坦是 20 世纪世界上最伟大的科学家之一，他取得了世人瞩目的成就，这与他一生的目标是紧密相连的。

他出生在德国一个贫苦的犹太家庭，家庭经济条件不好，加上自己小学、中学的学习成绩平平，虽然有志向科学领域进军，但他有自知之明，知道必须量力而行。他进行自我分析：自己虽然总的成绩平平，但对物理和数学有兴趣，成绩较好。自己只有在物理和数学方面确立目标才能有出路，其他方面是不及别人的。因而他读大学时选读瑞士苏黎世联邦理工学院物理专业。

由于奋斗目标选得准确，爱因斯坦的个人潜能就得以充分发挥，他在 26 岁时就发表科研论文《分子尺度的新测定》，以后几年他又相继发表了四篇重要的科学理论，发展了普朗克的量子概论，提出了光量子除了有波的性状外，还具有粒子的特征，圆满地解释了光电效应，宣告狭义相对论的建立和人类对宇宙认识的重大变革，取得了前人未有的显著成就。

在德国有一个小男孩，他从小就对火箭感兴趣，梦想着火箭能把人带到太空，他为自己确立了一个人生目标，做一个火箭的专家。这男孩对自己的这个梦想着迷，以致有一次他在大街上用两个火箭把一辆小推车发射出去的时候，这个男孩被警察认为是疯子，带进了拘留所。这个梦想使他长大后在火箭技术方面出类拔萃，没有他，也许就没有把人载上月球的土星 5 号火箭。他就是布劳恩。

　　拥有一个远大的目标是极为重要的。一个人之所以能够成功，首要原因就是他拥有一个远大的目标。这个目标对人的影响力非常大，能够改变他的价值观、改变他的信仰、改变他的决策模式和行为方式，赋予他行动的力量，让他避免因拖延而延误终生。

明确目标才能勇往直前

　　"不要让什么事使你心乱，不要让什么事使你悲愁，一切都会过去，只要坚韧，终可达到目标。"

　　这是圣女特丽莎的伟大箴言，我们将它牢记在心，每当事情进展不顺利的时候，想起这几句话，并大声地把它喊出来，可以从中得到安慰，让人鼓起勇气继续前行。

　　美国短跑名将迈克·约翰逊，他为了挑战人类体能极限，遭受了各种挫折，也曾经历两次奥运会的失败。但他没有放弃自己成为世界冠军的目标，当他遇到重大挫折时，他会无数次地重复和努力，他相信他能再次站起来。

　　他在夺得亚特兰大奥运会四百米赛跑冠军时，有位记者这样形容当时的精彩场面："当枪声响起，他如飞而去，不一会儿就把所有的选手甩在后面。他专心一意地注意跑道，观众的喧哗声似乎从他的耳中渐渐退去，其他的选手好像也不存在了，眼前只剩下他和脚下的跑道，心中有一个自然的节拍在运作着，他全神贯注在目标上。"

　　如果你认为只有重要人物才会拥有目标，你就永远无法超越平庸的角色。每个人都有梦想的权利。而目标就是我们要实现的梦想。

没有目标，你就不会有进步，也不可能采取任何实践的步骤。且不说人要有长期目标，就拿一件最简单的事来说：假如你在今天没有明确要做的事情，那么，你就会在今天东摸摸，西逛逛，糊里糊涂地过完一整天，没有一点收获，同样，一个人如果没有目标，没有对人生的规划，那么，他这一生也会像这一天一样，没有任何价值。

1952 年 7 月 4 日清晨，加利福尼亚海岸笼罩在一片浓雾之中。在海岸以西 21 英里的卡塔林纳岛上，一个 34 岁的女性跳入太平洋中，开始向加州海岸游过去。要是成功了，她就是第一个游过这个海峡的女性，这名女性叫费罗伦丝·查德威克。在此之前，她是游过英吉利海峡的第一个女性。

那天早晨，海水冻得她身体发麻，雾很大，她几乎看不见护送她的船。时间一小时一小时地过去，她一直不停地游。15 个小时后，她又累又冷。她知道自己不能再游了，就叫人拉她上船。她的母亲和教练在另一条船上，他们都告诉她离海岸很近了，叫她不要放弃。但她朝加州海岸望去，除了茫茫大雾，什么也看不到。

又过了几十分钟，她叫道："实在游不动了。"人们把她拉上船。几个小时后，她渐渐暖和多了，这时却开始感到失败的打击，她不假思索地说："说实在的，我不是为自己找借口，如果当时我看见陆地，也许我能坚持下来。"

其实，她上船的地点，离加州海岸只有半英里！后来她说："令我半途而废的不是疲劳，也不是寒冷，而是因为我在浓雾中看不到目标。"这也是她一生中唯一一次没有坚持到底。

两个月后，她成功地游过了这个海峡，她不但是第一个游过卡塔林纳海峡的女性，而且比男子的纪录还快两个小时。

查德威克虽然是一个游泳好手，但她也需要有清楚的目标，才能激发持久的动力，才能坚持到底。我们的学习同样需要有明确的目标，有了目标，我们就能有更大的干劲，有更加持久的力量。

所以说，拥有目标的好处在于，我们只有知道自己的目标在哪儿，才能走上正确的轨道，奔向正确的方向。并拥有强大的动力，有了目标，即使在做一件最微不足道的事情，也都会有其意义。在工作中，往往有人没有目标，而使工作变得乏味，使生活也变得不再有意义。而有目标的人在工作中总是能够创造价值最大化，获得更长远的发展。

有目标的人就会义无反顾地前进，他们不畏艰辛地追求自己的人生理想，尽管他们所追求的理想有时难以实现，但他们还是认为只要树立了目标，本身就有一种吸引力，不顾一切地去奔赴。

找准目标等于成功一半

大多数人在人世浮沉中，并不了解他们的未来是自己造就的，他们在工作中喜欢干到哪儿算哪儿，他们从来没有一个长远的计划和明确的目标。而少数有卓越成就的都是了解自己追求什么，并且有完整计划的人。这些人很清楚自己想要什么，而且要如何获取。所以说，一个人只有先树立目标，才有成大事的希望、才有前进的方向。

不管是在工作还是生活中，目标的设定都是最基本的要求。要是没有目标，我们就永远不知道自己该往何处去。这就好比是物理实验中自由运动的粒子一样，如果不能在随机碰撞中巧遇其他粒子，就只能一直不断地运动下去，当然起不了什么变化。生活要是没有了目标，就只能一成不变地延续着，我们就会像行尸走肉一样，生活没有追求，迷失在茫茫人海中。

说得更直白一点，没有目标也就像我们花了一堆时间在规划婚礼，却从没打算结婚一样，我们所做的一切到头来都是一场空。还有些人更糟糕，总是误将短期的计划当作总目标规划。比如，总在计划着假期要到什么地方去玩，但却不为生活做点实际的规划。对于这种人而言，生活只是由假期来做一个片段的切割，和做一天和尚撞一天钟没有什么区别。

所以，人生的快乐就隐藏在我们的一切日常生活之中，只要我们有了目标，内心的力量才会找到方向，毫无目标地生活，终究会成为一场空。

所以，在我们行动之前，请先想一想自己要的究竟是什么，自己到底想要干什么？事实上，我们过去或现在的情况并不重要，将来要获得什么成就才最重要。除非我们对未来有理想，否则做不出什么大事来。

在笔者单位有一个 22 岁的员工，因为对自己的工作不满意，他跑来对我说："我感到我现在的工作并不满意，我对自己的生活目标是：找一个称心如意的工作，改善自己的生活处境。然后再回到学校去读书，然后出国旅游，可是，现在的工作，连自己的日常生活都满足不了，我还渴望什么呢？"

这位员工讲到这里，脸上露出无奈的表情，于是我问他："如果你现在对你的工作不满意，那么，你想从事什么样的工作呢？"

"我也不知道，所以我才向您请教。"这位员工讲到这里想了想说，"我想去从事销售，可是我没有信心，如果不去呢！又觉得做销售工作非常的赚钱。"

"那你认为你对做什么样的工作才适合呢? 你认为做销售你就能适应吗? "我接着问,"您现在想明白,你生活的目标是什么,你最需要实现什么? "

"我……我……我也不知道,"这位员工回答说,"这么多年以来,我一直没有考虑过您刚才问的这些问题。"

"如果让你选择,你想做什么呢? 你真正想做的是什么? "我对这个话题穷追不舍。

"我真的不知道,"这位员工困惑地说,"我真的不知道我究竟喜欢什么,我从没有仔细考虑过这个问题,我想我确实应该对自己要重新认识了,我应该对自己的目标有所树立了。"

"那么,我给你提个建议吧,"我接着说,"我想你应该向公司领导申请给你换个工作岗位。但是,你不知道你想去哪个部门。你对去销售部还犹豫不决,去开发部还琢磨不定,你不知道你该干什么工作,你也对你将来的工作没有信心,现在你就要去做两件事:第一,看清楚你要的是什么,而大多数人从来不知道要这么做;第二,要有必须为成功付出代价的决心,然后想办法付出这个代价。如果你能做到这两点,那么,你离成功也就不远了。"

我最后和这位员工一起进行了彻底的分析,并对这位员工的性格做了测试,我发现这个员工对自己所具备的才能并不了解。于是我对他说:"你有成功的机遇,但却因为种种原因破灭了,许多成功者当年有奋斗也曾失败,他们一直感激那一天,是失败给他们打开了成功的大门。你长得不吸引人,但你却具有属于自己特长的地方,你要相信自己,相信你的能力,超过你的同事,超越你的理想,这些并非徒劳的信念。如果你想无所不能,那就具备无所不能的信心吧！"

我对这位员工说完之后，同时也深深地明白，对每一个人来说，前进的动力是不可缺少的，无论我们所从事的工作内容多么令人厌烦，只要他们设法全部按时完成。在工作中竭尽全力，不断给自己打气，我们就一定能获得成功——因为没有什么困难能挡住我们前进的脚步。

所以说，一个人若是没有明确的目标，就不会有取得成功的希望。只有当我们树立了目标，并计划着如何实现它的时候，才可以把一个具体的目标看作一条可行的路线，不管我们在这条路线中将会遇到任何困难，我们都会去克服，因为此时在我们看来，任何摆在我们面前的困难都不是困难，我们不管遇到多少麻烦，都不会轻易放弃自己的目标，把阻挡在路上的绊脚石当作铺路石，继续向自己的目标迈进。

亨利·福特说："所谓的障碍，就是你把目光从目标移开时所见到的丑恶东西。"一个人找到目标，就好比是找到了开发自我潜能的工具，这是释放自我能量的关键，不论我们付出多少，只要能发挥自己的潜力，就让人体会到生命的意义和价值。如果个人没有目标，就只能在人生的旅途上徘徊，永远到不了终点。

那些成大事者，非常善于在行动之前，通过自己的思维和判断来找到一个适合自己能力发展的目标，因为在他们看来，找准目标就等于成功了一半。

紧盯目标，奋勇向前

有人说，人的一生有三天：今天、昨天和明天。是的，人的一生并不漫长，是否过得充实、有意义，都掌握在我们的一念之间。而在这短短几十年的光景中，每个人都应该有自己的目标，关于人生、事业、学业等。树立了目标才能让自己精神百倍地去努力，避免因拖延而浪费时间和生命。因为梦想在前方招手，我们要不顾一切地奔上去。

目标，或许是成功之路的第一步，也是最重要的一个交点。有了目标，才有了努力的"路径"；有了"路径"，才能去顽强地拼搏；有了拼搏才会有结果。这就是目标"凝聚"成奋斗的最主要的原因。我们应当尽自己的所能去选择目标，制订计划，从容地去面对目标，这样才能有所进步。

《塔木德》上说："一位百发百中的神箭手，如果他漫无目标地乱射，也不能射中一只野兔。"成功的犹太人非常重视明确奋斗目标的重要性。

每天都给自己树立目标，然后每天都要按这个进度去完成，分分秒秒都是充实而多彩的。犹太人要求孩子在很小的时候就树立自己的人生目标，并坚定要为这个目标不断地努力学习，锻炼和提高自己的能力。

晓·海夫纳出生在一个犹太家庭。他的父亲格连当时在美国芝加哥一间铝制品公司当会计，家庭收入不多，生活较为清贫。海夫纳读完中学后就不再读书了，当时正是第二次世界大战激烈之时，他应征参军了。

1949年，海夫纳在芝加哥一家漫画公司谋得一职，每周工资45美元。由于收入微薄，他仍住在父母家里，甚至结婚后一段时间也如此。

早已树立了奋斗目标的海夫纳在漫画公司工作了几个月后，经过四处寻访，终于找到一家叫《老爷》的杂志聘用他，每周工资60美元。

海夫纳到该公司工作目的是"醉翁之意不在酒"，每周多15美元对他的生活无济于事，他志在向该公司学习经营手法并熟悉市场。因为《老爷》杂志是美国早年最畅销的书，读者主要是男性，以女性裸照为主要内容。海夫纳从读大学时，就一直是该杂志的读者，他早就希望有朝一日进入该杂志社工作。

1951年，海夫纳已对《老爷》杂志的运作了如指掌，他要求增加工资却被老板拒绝，于是决定离开该杂志社自己创业。

他决心办一种类似《老爷》的杂志，要与《老爷》争个高低。尽管有凌云壮志，无奈却毫无资本，这使他苦不堪言。加上妻子生下一女，生活负担又加重了，他创业的设想搁置起来了。为了生活，他不得不又到一家儿童杂志社做发行工作，此时的周薪为100美元，生活稍微得到些许改善。但他却没有放弃自己的打算，他一面工作，一面策划自己的刊物。

海夫纳从父亲那里借得600美元，另外从银行贷款400美元，凑起来刚好1000美元，他决心以这点钱作为自己创办杂志的本钱，办一本名叫《每月女郎》的月刊。由于他吸取了《老爷》的经营之道，加上自己的改进，第一期发行即打响，共销售5万多份，获得了空前的成功。15个月后，每期销量直线上升，达到

30万份，海夫纳开始发迹了。

当海夫纳正要出版第二期的《每月女郎》时，他突然接到《老爷》杂志律师的信，警告他的杂志鱼目混珠，扬言如不将《每月女郎》改名，则要起诉他。

海夫纳反复思考后，认为"小不忍则乱大谋"，刊名无所谓，关键是内容吸引读者。于是他低头从命，把其杂志改名为《花花公子》。结果，改名后的杂志更畅销。

晓·海夫纳向着自己的目标毅然决然地进发，凭借自己的努力和细心朝着目标前行最终获得了成功。选择一个适合自己的人生目标，然后便要不断地努力学习，坚定不移地向这个目标前进。

事实上，这也是犹太人的一种普遍的特性，即从青少年开始，他们就树立人生的奋斗目标，以后千方百计为达到目标而努力。

在人生中，一定要明确适合自己的目标。只有明确了自己的目标，才能不拖延一分一秒，星月兼程地赶往自己想去的地方。

第三章
消除惰性，告别拖延症

不要睡懒觉，不和太阳一同起身就辜负了那一天……"勤敏是好运之母"，反过来，懒惰就空有大志，成不了事。

——塞万提斯

一个懒惰心理的危险，比懒惰的手足，不知道要超过多少倍。而且医治懒惰的心理，比医治懒惰的手足还要难。因为我们做一件不愿意不高兴的工作，身体的各部分，都感到不安和无聊。反过来说，如果对于这种工作有兴趣、愉快，工作效率不但高，身心也感觉到十分舒适。因不适宜的劳动，使身心忧郁而患的病症，医生称为懒惰病。

——戴尔·卡耐基

懒惰和贫穷永远是丢脸的，所以每个人都会尽最大努力去对别人隐瞒财产，对自己隐瞒懒惰。

——塞缪尔·约翰逊

懒惰者与幸运之神无缘

拖延的背后是人的惰性在作怪，因此克服拖延的习惯必须抛弃你的惰性。要战胜你的畏难情绪，学会果断地做出决定，从现在开始就去做最需要做的事情，切不能让今天的事情留到明天，要持之以恒地完成每一件事情，每天都和自己进行斗争。什么事情都不能随便给自己留退路，只有下决心克服懒惰的习惯，切实改变你的拖拉习惯。这样方可让自己事业有成，不然的话就会一事无成。

1878年6月6日，一个名叫威廉·马蒂斯的男孩儿出生在美国得克萨斯州路芙根市的一个爱尔兰家庭。

由于马蒂斯的父母是爱尔兰籍移民，家里没有一点积蓄，加之当时美国经济不景气，马蒂斯的母亲常常为一日三餐发愁。

少年时代的马蒂斯只读了几年书便辍学了，他不得不像大人一样，为了生计奔波。

马蒂斯在火车上卖报纸、送电报、贩卖明信片、食品、小饰物等东西，赚取微薄的收入，以贴补家用。与其他报童不同的是，马蒂斯放报纸的大背包里时刻都装着书，空闲的时候，当别的报童们纷纷去听火车上卖唱的歌手们唱歌或跑到街上玩耍时，马蒂斯便悄悄地躲到车站的角落里读书。

马蒂斯的家乡盛产棉花，在对棉花过去十几年的价格波动做了分析总结后，1902年，24岁的马蒂斯第一次入市买卖棉花期货，便小赚了一笔。之后他又做了几笔交易，几乎笔笔都赚。

棉花期货上的成功坚定了马蒂斯投资资本市场的信心。不久，马蒂斯到俄克拉荷马去当经纪人。当别的经纪人都将主要精力放在寻找客户以提高自己的佣金时，马蒂斯却把美国证券市场有史以来的记录收集起来，一头扎进了数字堆里，在那些杂乱无章的数据中寻找着规律性的东西。

当时做经纪人的收入是很可观的，每到夜晚，马蒂斯的许多同事便出入高级酒店、呼朋唤友。而他由于没有客户，得不到佣金，只能穿着寒酸的衣服躲在狭小的地下室里独自工作着。同事们笑他迂腐，笑他找不到客户，还暗地里给他起了个外号叫"路芙根的大笨蛋"。

马蒂斯并不理会这些，依然我行我素。他用几年的时间去学习金融知识，不分昼夜地研究金融市场在过往一百年里的历史。

1908年，马蒂斯30岁，移居纽约，成立了自己的经纪公司。同年8月8日，马蒂斯发表了他最重要的市场趋势预测法。

经过多次准确预测后，马蒂斯声名大噪。

许多人对马蒂斯一次次对证券市场的准确预测颇为不解，更有一些人坚持认为这个年轻人根本没有那么大的本事，他的成功只不过是传媒在事实的基础上大肆渲染的结果。

为证明自己报道的真实性，1909年10月，记者对马蒂斯进行了一次实地访问。在杂志社人员和几位公证人员的监督下，马蒂斯在10月的25个市场交易日中共进行286次买卖，结果，264次获利，22次损失，获利率竟高达92.3%。这一结果一见诸报端，立即在美国金融界引起轩然大波，人们惊呼，这个年轻人简直太幸运了！

以后的几年里，马蒂斯在华尔街共赚取了5000多万美元的利润，创造了美国金融市场白手起家的神话。不仅如此，他潜心研究得出的"波浪理论"还被译成十几种文字，作为世界金融领域从业人员必备的专业知识而被广为传播。

许多时候，人们总会用"幸运"来形容一个企业家或是某个人的崛起与成功，还有一些人会经常抱怨自己时运不济，对生活和事业中的"不公平"产生困惑与不满。事实上，幸运的得来靠的是一个人艰苦卓绝的努力与永不放弃的执着。

幸运与懒惰无缘，这是一条毋庸置疑的真理。

抛弃拖延的恶习

每个人都想成功，可是有些人总是错过成功的机会，原因在于他们的行动被拖延耽误了。

拖延是一个专偷行动的"贼"，它在偷窃你的行动时，常常给你构筑一个"舒适区"，让你早上躺在床上不想起来，起床后什么也不想干，能拖到明天的事今天不做，能推给别人的事自己不干，不懂的事不想懂，不会做的事不想学。它让你的思想行动停留在这个"舒适区"里，对任何舒适以外的思想行动，都觉得不舒服，不习惯。

这个"贼"能偷走人的行动，同时也能偷走人的希望，人的健康，人的成功，它带给人的不良习惯和后果是积重难返的。

有的学生遇上难题没有及时问老师，后来问题越来越多，成绩越来越差；有的商人因没能及时做出关键性的决定而惨遭失败；有的患者延误了看病的时间，给生命带来无法挽救的悲剧。

成功需要大量的行动！而我们却往往因为拖延，无法采取行动。

英国著名小说家司各特之所以能取得那么多的成就，原因就在于他是个十分守时的人。他早上很早就起床。他自己曾经说，到早餐时，他已经完成了一天当中最重要的工作。

一位渴望能在事业上获得成功的年轻人写信向他请教，他这样答复："一定要警惕那种使你不能按时完成工作的习惯——我指的是，拖延磨蹭的习惯，要做的工作即刻去做，等工作完成后再去休息，千万不要在完成工作之前先去玩乐。"

在完成任务后，给自己一个奖励，奖励要实际并按事先定好的办。要留意会引诱自己不按计划行事的想法，例如，"我明天再做""我应该休息一下了"或"我做不了"。要学会把自己的思想倾向扭转过来："假如我再不做就没有时间了，下面还有很多事情等着我去做呢""如果我做完这个，我就会感觉更轻松一些了"或"我一旦开始做就不会那么糟糕了"。

倘若开始动手对你是一个挑战，那么设计一个"十分钟计划"：做十分钟你惧怕的工作，接着决定是否继续。

倘若你在工作当中出现了一些障碍，那就把工作地点或姿势改变一下，休息一下，或者换一下工作内容。

利用能为你的工作提供咨询帮助的朋友、亲人。在工作进程中向他们求教，告诉他们你需要他们的支持，你需要倾诉你对工作的感想，你需要来自鼓励。

如果你迈出了第一步，那你就成功了一半。

尽管你具备了知识、技巧、能力、良好的态度与成功的方法，比其他人懂得多，然而你还是可能不会成功。因为你还要付出行动，一百个知识抵不上一个行动。

如果你终于行动了，可能还是不会成功，因为太慢了。你只有很快地做出行动，马上去做，比你的竞争对手更早一步知道、做到，这样你才能有成功的可能性。

由此，我们应该明白：一定要掌握时间，马上行动！能够帮助你打败竞争对手的关键、能够帮助你达到目标的关键、能够帮助你占领市场的关键、能够帮助你成功的关键，就仅有两个词，一是行动，二是速度。

要想成功，就必须抛弃拖延的恶习；要想成功，就必须马上行动！

克服懒惰才能成功

古往今来的成功之士大多拥有勤奋的品质，而懒惰的人则极少能取得事业上的成就。只有克服懒惰的恶习，才能让你不断进步。

三国时期的吕蒙是东吴将领，他英勇善战，所向无敌。

虽然深得周瑜、孙权器重，但吕蒙十五六岁就从军打仗，没读过什么书，也没什么学问。为此，同样受器重的大都督鲁肃很看不起他，认为吕蒙不过草莽之辈，四肢发达、头脑简单，不足与其谋事。吕蒙自认低人一等，也不爱读书，不思进取。

有一次，孙权派吕蒙去镇守一个重地，临行前嘱咐他说："你现在很年轻，应该多读些史书、兵书，懂的知识多了，才能不断进步。"

吕蒙一听，忙说："我带兵打仗忙得很，哪有时间学习呀！"

孙权听了后批评他说："你这样就不对了。我主管国家大事，比你忙得多，可仍然抽出时间读书，收获很大。汉光武帝带兵打仗，在紧张艰苦的环境中，依然手不释卷，你为什么就不能刻苦读书呢？"

吕蒙听了孙权的话十分惭愧，从此以后便开始发愤读书，利用军旅闲暇，读遍诗、书、史及兵法战策，如饥似渴。

功夫不负苦心人，渐渐地，吕蒙官职不断升高，当上了偏将军，还做了寻阳令。

周瑜死后，鲁肃代替周瑜驻防陆口。大军路过吕蒙驻地时，一谋士建议鲁肃说："吕将军功名日高，您不应怠慢他，最好去看看。"

鲁肃也想探个究竟，便去拜会吕蒙。

吕蒙设宴热情款待鲁肃。席间，吕蒙请教鲁肃说："大都督受朝廷重托，驻防陆口，与关羽为邻，不知有何良谋以防不测，能否让晚辈长点见识？"

鲁肃随口应道："这事到时候再说嘛！"

吕蒙正色道："这样恐怕不行。当今吴蜀虽已联盟，但关羽如同熊虎，险恶异常，怎能没有预谋，做好准备呢？对此，晚辈我倒有些考虑，愿意奉献给您做个参考。"

吕蒙于是献上五条计策，见解独到精妙，全面深刻。

鲁肃听罢又惊又喜，立即起身走到吕蒙身旁，抚拍其背，赞叹道："真没想到，你的才能进步如此之快……我以前只知道你一介武夫，现在看来，你的学识也十分广博啊，远非昔日的'吴下阿蒙'了！"

吕蒙笑道："士别三日，当刮目相看。"

从此，鲁肃对吕蒙关爱有加，两人成了好朋友。吕蒙通过努力学习和实战，终成一代名将而享誉天下。

吕蒙正是因为克服了懒惰，勤奋读书，才取得了后来的成就。

我们每个人都是如此，要想成功，就必须克服懒惰的恶习。

现在就去做最重要的事情

在日常生活中，我们不难发现一些人，他们不分事情的轻重缓急，总是喜欢拖延。这是他们性格的弱点。

有些事情的确是你想做的，绝非别人要你做。然而，尽管你想做，却总是一拖再拖。

有些人对采取行动望而却步，因为他们害怕自己干得也许不那么完美无缺。假设你今生今世还有 6 个月的时间，你还会做自己目前所做的事情吗？如果不会的话，你最好尽快调节自己的生活，现在就去做最紧迫、最需要做的事情。

也许我们每个人都有一种不良的性格——拖延时间。这种现象我们几乎时常遇见，以至于看见或者发生时都不以为然了。然而，拖延时间却是一种极其有害于人们日常生活与事业的恶习。

那么，你是否经常拖延时间？

其实，你所推迟的许多事情都是你曾经期望尽早完成的，只是由于某种"原因"而一拖再拖。有时你甚至每天都要对自己说："我的确应该做这件事了，不过还是等一段时间再说吧。"

有一位新闻记者将拖延时间的行为生动地喻为"追赶昨天的艺术"，这里，我们可以在后面再加半句——"逃避今天的法宝"，这就是拖延时间的作用。

有些事情，尽管你想做，却总是一拖再拖。你不去做现在可以做的事情，却下决心要在将来某个时候去做。这样，你便可以逃避马上采取行动，同时安慰自己说，你并没有真正放弃决心要做的事情。

这种巧妙的思维过程大致如下："我知道自己必须做这件事，可我自己真的做不好或者不愿做。所以准备以后再做，这样我便可以心安理得。"

每当你必须完成一项艰苦工作时，你都可以求助于这种站不住脚，却看似实用的逻辑。

如果你一方面坚持自己的生活方式，另一方面又说你将做出改变，那么你的这种声明没有任何意义。你不过是懒惰的人，最后将一事无成。

因此，为了让每一件事情都避免失败，你必须改变拖延的习惯，马上就去做最需要做的事情。

制定行动的期限

立即行动可以使你保持较高的热情和斗志，能够提高办事的效率，而拖延时间只能消耗你的热情和斗志，使你无心做事。拖延之后再想让疲软的心态鼓起斗志是比较困难的。

在行动之前应该给自己定下一个合理的期限，没有一定期限的行动，常常是无效行动或效率低下。有一个时间的约束，你就能时刻提醒自己：必须马上行动，否则，在约定期限内就完不成固定的行动计划。

非常重要的一个问题就是：一定要将它落实。不能把它当成一句废话，在提醒自己时要起作用，不要说："以后再去执行。""以后"就意味着这次行动的失败，下次行动继续受到自己拖延习惯的威胁，下一次你还要面对这个问题。

立即行动，现在就消灭掉这个坏毛病，不是很好吗？

成功只属于那些愿意成功的人，成功有明确的方向和目的。

自己不愿成功，谁也拿你没办法；自己不去实际行动，上帝也帮不了你。

有一位很有才气的学者，他想写一本人物传记。这个主题很有趣又很少见，凭他渊博的知识和优美的文笔，这个计划完成后肯定会替他赢得很大的成就、名誉和财富。他准备立即动手写，在半年的时间里完成。

在写这本书的第一天晚上，他坐在桌前正准备写书时，看了一下钟表，8点刚过，他突然想起晚上8：30电视上有一场精彩的球赛直播，于是他写书的心思没有了，放下笔去看球赛，他就对自己说，明天再写吧，反正时间还很多。

到了第二天晚上，一个老朋友给他打来了电话，叫他去喝酒，他本想在家里写那本书，不出去了，犹豫了一会儿，他又有了理由：朋友难得一聚，书可以明天再写嘛。

第三天晚上，因为前天晚上喝酒喝得太晚没有休息好，便早早地上床睡了。

以后的日子里，他总是为自己找各种各样的借口，"今天太累了，明天再写吧""今天是双休日，得放松一下，明天写吧"。

一直以来，他都没有坐下来好好写过。很快，一年过去了，朋友问他书写得怎么样了，他却说这段时间太忙，还没开始写，等时间充裕了一定要把这本书写好。

多么可怕的坏习惯！他日复一日地拖延着时间，总是为自己留后路，不去行动，始终没有获得应有的财富和荣誉。

不管你现在决定做什么事，设定了多少目标，你都一定要给自己设置一个期限，并且立刻行动起来，不要把今天的事拖到明天去完成。现在就做，马上就做，是一切成功人士必备的品格。

告别懒惰才能拥有不拖延的人生

一位外国人周游世界各地，见识十分丰富。他对生活在不同层次、不同国家的人有相当深刻的了解，当有人问他不同民族的最大的共同性是什么，或者说最大的特点是什么时，这位外国人用不大流畅的英语回答道："好逸恶劳乃人类最大的特点。"

无论王侯、贵族、君主还是普通市民都具有这个特点，人们总想尽力享受劳动成果，却不愿从事艰苦的劳动。懒惰、好逸恶劳这种本性是如此根深蒂固、普遍存在，以至于人们为这种本性所驱使，往往不惜毁灭其他的民族，乃至整个社会。为了维持社会的和谐、统一，往往需要一种强制力量来迫使人们克服懒惰这一习性，不断地劳动。由此就产生了专制政府，英国哲学家穆勒这样认为。

无论是对个人还是对一个民族而言，懒惰都是一种堕落的、具有毁灭性的东西。懒惰、懈怠从来没有在世界历史上留下好名声，也永远不会留下好名声。懒惰是一种精神腐蚀剂，因为懒惰，人们不愿意爬过一个小山岗；因为懒惰，人们不愿意去战胜那些完全可以战胜的困难。

因此，那些生性懒惰的人不可能在社会生活中成为一个成功者，他们永远是失败者。成功只会光顾那些辛勤劳动的人们。懒惰是一种恶劣而卑鄙的精神重负。人们一旦背上了懒惰这个包袱，就只会怨天尤人，精神沮丧、无所事事，这种人完全是一种对社会无用的卑鄙之人。

有些人终日游手好闲、无所事事，无论干什么都舍不得花力气、下功夫，但这种人的脑瓜子可不懒，他们总想不劳而获，总想占有别人的劳动成果，他们的脑子一刻也没有停止思维活动，他们一天到晚都在盘算着去掠夺本属于他人的东西。正如肥沃的稻田不生长稻子就必然长满茂盛的杂草一样，那些好逸恶劳者的脑子中就长满了各种各样的"思想杂草"。懒惰这个恶魔总是在黑夜中出现，它直视那些头脑中长满了这些"思想杂草"的懦夫，并时时折磨他们、戏弄他们。

霍尔博士认为："没有什么比无所事事、空虚无聊更为有害的了。"一位大主教认为："一个人的身心就像磨盘一样，如果把麦子放进去，它会把麦子磨成面粉，如果你不把麦子放进去，磨盘虽然也在照常运转，却不可能磨出面粉来。"

那些游手好闲、不肯吃苦耐劳的人总是有各种漂亮的借口，他们不愿意好好地工作、劳动，却常常会想出各种主意和理由来为自己辩解。

确实，一心想拥有某种东西，却害怕或不敢或不愿意付出相应的劳动，这是懦夫的表现。无论多么美好的东西，人们只有付出相应的劳动和汗水，才能懂得这美好的东西是多么地来之不易，因而愈加珍惜它，人们才能从这种"拥有"中享受到快乐和幸福，这是一条万古不易的原则。即使是一份悠闲，如果不是通过自己的努力而得来的，这份悠闲也就并不甜美。不是用自己劳动和汗水换来的东西，你就没有为它付出代价，你就不配拥有它。

懒惰、无所事事从来就不是一种荣耀，更不应该成为一种特权。尽管在这个社会上有许多卑鄙的小人极满足于白吃白喝，并以大肆挥霍、浪费为荣，但那些稍有头脑、有抱负、有良知的人们毫无疑问会鄙夷他们。这些堕落的贵族与他们自己享有的尊贵荣誉完全不相符合，他们早已成了行尸走肉，已经不具有良知和人性了。

斯坦利勋爵说："一个无所事事的人，不管他多么和气、令人尊敬，不管他是一个多么好的人，不管他的名声如何响亮，他过去不可能、现在也不可能、将来更不可能得到真正的幸福。生活就是劳动，劳动就是生活。有人认为只有躲在自己的小天地里，两耳不闻窗外事才能避免种种烦恼和不幸。许多人都已经这样试过，但结果总是一样。无论是谁，他既不可能躲避烦恼和忧愁，也不可能避开辛苦的劳动，劳动和烦恼是人类无法逃避的命运之神……那些尽力躲避烦恼的人，烦恼却总是找上门来，忧愁也总是光顾他们。"

另外，一个人生命的意义也不能仅拿他活了多大岁数这个标准来衡量，那种认为活得越久，生命的意义越大的观念是不正确的。衡量一个人生命的意义主要应看他干了什么，他对自己所干的事情的兴趣如何。他干的事情越有益，他为之付出的精力和代价越大，那么，他的生活就越充实，从而也就越有意义。

第四章
热爱工作让你无心拖延

是工作使人生有味道。

——艾约尔

幸福存在于一个人真正的工作中。

——奥里略

完成工作的方法是爱惜每一分钟。

——达尔文

做喜欢的工作更容易成功

人的一生离不开工作，但并不是每一个人都热爱自己的工作。

有的人工作只是为了糊口，没有特别喜欢，也没有特别讨厌。这样的人或许会兢兢业业地做好自己的本职工作，但是很难取得大的成就。而另外一些人努力从事自己喜欢的工作，在工作中，他们收获的不仅是薪水，还有巨大的幸福感和成就感，他们愿意为了自己热爱的工作去努力奋斗，因此更容易取得事业上的成功。

博格斯就是这样一个为了自己热爱的事业全力拼搏的人。

篮球运动是现在体育赛事的一个重要组成部分。在我们的印象中，篮球运动员都是魁梧挺拔、身高臂长的"巨人"，如姚明和奥尼尔。而在 NBA 赛场上，就曾经出现过一批个子矮小的运动员，这其中就包括博格斯。

博格斯身高只有 160 公分，在东方人的眼里也算矮子，但这个矮子却不简单，他是 NBA 表现最杰出、失误最少的后卫之一。不仅控球一流，远投精准，甚至在对方高个队员中带球上篮也毫无畏惧。

每次看到博格斯像一只小黄蜂一样，满场飞奔，心里总忍不住赞叹。他不只是安慰了天下身材矮小而酷爱篮球者的心灵，也鼓舞了平凡人内在的意志。

那么，博格士是如何在职业篮球的赛场上为自己谋得一席之地的呢？

他当然不是天生的好手，博格斯从小就长得特别矮小，但他非常热爱篮球，几乎天天都和同伴在篮球场上玩耍。当时他就梦想有一天可以去打 NBA，因为 NBA 的球员不只是待遇奇高，而且也享有风光的社会地位，是所有酷爱篮球的美国年轻人心中最向往的梦。

博格斯经常这样告诉他的同伴："我长大后要去打 NBA。"所有听到他的话的人都忍不住哈哈大笑，因为他们"认定"一个 160 公分的矮子是绝不可能打 NBA 的。

他们的嘲笑并没有阻断博格斯的信心和志向，他用尽自己的一切时间去练习，一分一秒都不肯放过。别人嬉戏游玩的时候，他在练球；别人睡懒觉的时候，他在练球；别人约会开 Party 的时候，他依然在练球。

就这样，经过日复一日的努力，他终于成了全能的篮球运动员，也是最佳的控球后卫。

他还充分发挥了自己矮小的优势，行动灵活迅速，往往让对手防不胜防；运球的重心偏低，很少会出现失误；个子小不引人注意，投球常常得手。

因为热爱篮球事业，所以他比别人更加努力、更加拼命，只为一个目标——进入 NBA。也正是因为他对事业有了这种强烈的热爱，所以他拼命地训练，把每一场比赛都打好，也最终收获了成功。

对工作的热爱能让一个人投入更多的热情，这样他也就能够把工作做到最好。因为心中的爱与激情会时刻指引你去努力工作，自然也就能够获得最后的成功。

所以，任何时候，我们都要爱自己的工作，也唯有如此，我们才能够珍惜每一分每一秒的时间去努力奋斗，取得人生的突破。

热爱工作才能避免拖延

在学生时代，老师总会告诉我们，兴趣是最好的老师。只要我们对某一门学科感兴趣，就能够把它学好。因为我们在做事的时候感觉到了乐趣，所以自然就不会有疲倦感，就会有动力把事情做好。如在一个假日里你到湖边去钓鱼，整整在湖边坐了 10 个小时，可你一点都不觉得累，为什么？因为钓鱼是你的兴趣所在，从钓鱼中你享受到了乐趣。产生疲倦的主要原因，是对生活厌倦，是对某项工作特别厌烦。这种疲倦感往往比肉体上的体力消耗更让人难以支撑。

一位心理学家特地来到一个建筑工地做实地调查。此时，工地上有三个忙着敲石头的建筑工人，于是，他分别问了这三个人一个相同的问题："请问您现在在做什么事儿？"

听了心理学家的问题，第一个工人的脸顿时拉得老长，他语带怒气地回道："我在做什么？你难道没长眼睛吗？我正在用这把死沉的铁锤，敲碎这些可恨的石头啊！这些石头真是又臭又硬，我的手都快敲残废了，老天爷实在是太该死了！"说罢，他使劲儿地甩了甩手，用力丢掉铁锤，还朝石头狠狠地踢了一脚。看他愤愤不满的神情，似乎恨不得甩掉自己悲惨的命运。

第二个工人则有气无力地哀叹道："我在修房子，这份工作可不是一般人能吃得消的，累死人不偿命啊！要不是为了养家糊口，谁愿意日晒雨淋没日没夜地敲石头啊？"他擦了擦额头上的汗水，满是无奈地摇了摇头，耷拉着脑袋坐了下来。

第三个工人却是一脸快乐的表情，他笑着说道："我正在修建这个世界上最宏伟的教堂，等它竣工之后，有很多信徒都会到这儿做礼拜。虽然敲石头是一件苦差事，但每次一想到未来将有好多人到这里接受上帝的关爱，我浑身就充满了积极向上的正能量。"说话的同时，他也没有停下手中的工作，而是继续一下一下地用力敲着石头。

猜猜这三位建筑工人日后会有什么样的人生际遇？许多年后，心理学家找到了他们，原本在同一家建筑工地敲石头的三个人，现在竟然过着有如天壤之别的生活。

当年的第一个建筑工人现如今还是一个拿着微薄薪水的建筑工人，每天重复地干着敲石砌墙的辛苦体力活；第二个建筑工人的情况比第一个建筑工人要稍微好点，他现在已经是一个包工头了，每天带领自己的施工团队穿梭于各大工地，虽然衣食无忧，但也感觉不到快乐。至于第三个建筑工人，心理学家并没有花费太多的心思去寻找此人，因为他早就成为一位名气响当当的建筑公司老板，时不时地出现在各大报纸的头版新闻。

三种工作态度造就三种人生际遇，与其说这是造化弄人，不如说是心态决定命运。

工作是我们实现自我价值的渠道，想要做好工作，我们当然需要先爱上自己的工作。故事中的第一个工人之所以感觉不到敲石头工作的意义所在，完全是因为他没有在工作中找到任何的乐趣。当他把敲石头的工作当成一件特别痛苦的事时，他的人生也就成了一出极其煎熬人心的悲剧，除了愁苦和烦闷，又还有什么值得振奋精神的东西呢？所以，他总是憎恨自己的工作，工作中自然拖拖拉拉，恨不得永远不要工作才好。

而第二位工人，虽然也认为工作十分辛苦，但是他明白工作对自己的意义，所以虽然偶尔会因为劳累而拖延工作，但总还会做好自己该做的事情，自然也就会有所收获。

至于第三位工人，他就十分热爱自己的工作。因为这份热爱，让他忽略了眼下的辛苦，一分一秒都不拖延，努力追求工作的乐趣，在工作中实现自己的人生价值，因此才会有后来的成功。

有一些人或许也存在疑问，有些工作或许还有点意思，但很多时候，我们印象中的工作就是一种机械地重复，就是为了拿工资而不得不做的事情，哪儿来那么多乐趣呢？

其实，这种理解是完全忽略了人的主观能动性。我们都知道，人的兴趣是千差万别的。我们觉得感兴趣的事情在别人眼里可能非常枯燥，别人酷爱的事情在我们眼里可能也是乏味的。而造成这种区别的根本原因就在于"挖掘乐趣"。同样一件事情，一个人主动去挖掘其中的乐趣，那么他就会感受到快乐，就能够将它做得更好。反之，工作就会成为一种负累，让人觉得心力交瘁，工作自然也就流于庸俗了。

只要我们愿意在工作中挖掘属于自己的快乐，那么即便我们在建筑工地上干着泥水匠的粗活儿，也能找寻到自己的快乐，也能够把工作做得更好。反之，我们若是视工作如孙悟空头上的紧箍咒儿，认为工作不过就是为了图个马马虎虎的生存，那么我们也就无法把工作做好。

刘定大学毕业后的第一份工作是行政助理，这个职位原本就是女生居多，刘定作为一个大男生，成天和一群女同事打交道，确实有点不太自在。

工作的第一天，他就在 QQ 上向好友抱怨自己入错了行，寻思着是不是应该换一份工作。但身边的朋友纷纷劝他不要辞职，因为现在这个社会，找工作就跟找对象一样，下一个未必比眼前的这一个好，而且错过了这一村，未必就能碰见下一家店。

那该怎么办呢？成天愁眉苦脸地工作也不是一个长久之计啊，多亏刘定还算是一个悟性不错的人，他觉得快乐是一天，不快乐也是一天，与其带着负面消极的情绪去工作，还不如调整心态，抖擞精神，和女同事们打成一片，努力在工作中寻找乐趣。

事实证明他的想法是正确的，当他微笑着面对每一位同事时，同事们也纷纷表现出自己的善意，不仅在工作上给予他宝贵的建议，生活中亦是对他照顾有加。平时他要是工作任务太过繁重，忙得跟高速运转的陀螺一样，总会有女同事主动请缨，替他分担一些力所能及的事。

被同事的热心和友善所感染，刘定一下子就爱上了这家公司，喜欢上了自己的这份工作。就这样，他的心情一好转，就连思维和手脚都要比原来活跃灵敏许多，烦琐单调的行政工作不再让他心力交瘁，他的工作做得十分到位，不到一年，经理就让他做自己的助理了。

孔子曾说："知之者不如好知者，好之者不如乐之者。"其实，刘定就是一个典型的"乐之者"，他把工作当成一种快乐。兴趣是一个人最好的老师，出于这个强有力的动机，我们又何愁干不出一番骄人的事业，何愁不能拥有幸福快乐的生活。

其实，在工作中寻找乐趣并不是无路可寻，只要我们有心，执着地往前多行进一步，快乐往往近在咫尺。

在工作中寻找乐趣的第一步，首先，应该是怀抱一颗乐观感恩的心，全力塑造一个积极向上的工作观。

《宁静之祷》中有这么一句话："请赐我宁静，去接受我不能改变的一切；赐我勇气，去改变我所能改变的一切。"世界上无法改变的事情多得数不胜数，唯有我们的心态可以任由自己做主。相信每一个人在做自己喜欢做的事时，很少会感到疲惫乏味，因此，我们一定要带着感恩之心去热爱自己的工作，只有这样，工作中的乐趣才会从天而降。

其次，积极的工作态度也必不可少，把工作当成巨大包袱的人，不仅不会从工作中找到乐趣，反而会沦为工作的奴隶。工作的时候就应该学习希尔顿，即便是洗一辈子的马桶，也要立誓当一个洗马桶行业最为出色的人。

最后，不要惧怕工作会枯燥无味，不管是哪一种工作，我们都可以从中挖掘出它所在的兴趣点。比如，有的职业需要和许多人打交道，人际交往其实也是充满乐趣的，与人交谈的时候，我们可以细心聆听对方丰富的人生经历，一方面增长了自己的见识，另一方面又为自己拓展了人脉资源，可谓一举两得。

职场成功向来青睐乐于工作之人，它就像一面一尘不染的镜子，我们笑着对它，它也会投桃报李，回赠我们一张嘴角漾起笑花的脸蛋。那么还等什么呢？如果你现在正闷闷不乐地干着自己的第一份工作，那么请立刻转变心态，马不停蹄地在工作中寻找属于你的乐趣吧！

对工作要充满热情

在工作当中，有这样两种人存在：第一种人，他们对工作非常投入，倾注了极大的热情，仿佛工作本身对他们就有一种天然的吸引力；第二种人，他们几乎很少有精神振奋的时候，面对工作总是一副无精打采的样子。

试问，这两种人谁能把工作做得更好呢？

答案是不言而喻的，当然是那个对工作保持热情的人。原因也很简单，因为当一个人对工作保持了最大的热情，那么他也就会以最佳的状态去做事，自然，他们也就能够把工作做到最好。

在众多成功人士的身上，我们都可以看到他们对生活对事业都充满了热情，就如同富有魅力的演员热爱舞台和观众，极具领导风范的企业家热爱他的企业和员工……可以说，热情是促使他们成功的动力，而如果没有了热情，那他们的事业也就成了镜中花、水中月。

可见，热情在某种意义上说，是一个人做好工作的重要内容，是一种做好工作的力量。每一个成功的人背后，都有热情的存在，每一位成功人士都拥有对事业的无限热情，而正是热情，推动了他们走向成功的步伐！

在美国标准石油公司曾经有一位推销员叫阿基勃特。他对工作充满了热情，作为一名推销石油的业务员，他无时无刻不在推销着自己的产品，即使他在出差住旅馆的时候，总是在自己签名的下方，写上"每桶4美元的标准石油"字样，在书信及收据上也不例外，签了名，就一定写上"每桶4美元的标准石油"。因此，他被同事们戏称为"每桶4美元"。而他的真名却很少有人叫了。

当公司董事长洛克菲勒听说了这个人后，说："竟有职员如此努力宣扬公司的声誉，我要见见他。"于是邀请阿基勃特共进晚餐。当洛克菲勒卸任的时候，阿基勃特成了第二任董事长。

在签名的时候署上"每桶4美元的标准石油"这算不算小

事？严格来说，这件小事根本不在阿基勃特的工作范围之内。但阿基勃特做了，并坚持把这件小事做到了极致。那些嘲笑他的人中，肯定有很多人的才华、能力在他之上，可是却没有几个人能把爱业、敬业、勤业的热情化作一种有影响力的企业文化精神，最后，也只能是他成为董事长。

当一个人将自己的全部热情专注于工作的时候，即使是最乏味的工作，也一样能够做的饶有兴致。当一个人把自己的全部热情都用在工作上的时候，热情就转化成为他工作的动力，工作起来自然游刃有余，成功也在向他靠近。

一位著名的金融家有一句名言："一个银行要想赢得巨大的成功，唯一的可能就是，他雇了一个做梦都想把银行经营好的人做总裁。"所以说，当一个人投入全部的热情在工作上，他就等于在不断接近成功。

罗宾·霍顿是华盛顿哥伦比亚特区紧急安全保卫机构的创始人，他可以说是一个对工作饱含热情的楷模。尽管对别人来说，霍顿的收入颇丰，但是，霍顿却认为，他喜欢的是她所从事的工作，这一点远比金钱更为重要。他所创办的这家企业主要是为工商界、联邦政府和居住区的客户设计和安装保安系统。

霍顿对工作有着极大的热情。他喜欢因自己能确保客户的安全而获得的满足感。"我知道我在保护人们。"他说道，"我在拯救人们的生命，我使他们能够在自己的企业或者家里不用担心会有什么危险，他们可以高枕无忧。"在他的心中，始终想的是如何给别人提供安全保障。这种对工作的热情，也成了他获得成功重要的因素。

巴甫洛夫曾说过："要有热情，你们要记住，科学需要一个人贡献出毕生的精力，假定你们每人有两次生命，这对你们来说还是不够的。科学要求每个人有紧张的工作和伟大的热情。希望你们热情地工作，热情地探索。"

俄国伟大的文学家托尔斯泰也说过："一个人若是没有热情，他将一事无成，而热情的基础正是责任心。"当今这个充满了挑战和机遇的时代，只有倾注更多的热情，我们才能抓住机遇，从而干出一番轰轰烈烈的事业。

比尔·盖茨的微软公司，能够在IT世界傲视群雄的一个重要因素，就是在比尔·盖茨的公司中所有聘用的员工所不可缺少的素质，即对工作的热情和激情。

比尔·盖茨有句名言："每天早上醒来，一想到所从事的工作和所开发的技术将会给人类生活带来的巨大影响和变化，我就会无比兴奋和激动。"比尔·盖茨的这句话表明了他对工作的热爱和激情。而且他的微软公司在招聘时宁愿任用失败的人，也不愿任用对工作没有激情的人。

微软公司在对应聘人员面试时有一个名为"挑战"的测试。被测的人会拿到一个没有标准答案的试题，例如：如果在没有秤的情况下，如何测出一架喷气式飞机的重量？答案当然不是唯一的。

在整个面试过程中，考官会对被测试者的答案进行不断的反问，如果被测试者能够运用自己的逻辑思维为自己的答案进行辩护，并连续挫败两次"挑战"时，才算是顺利通过。而如果被测试者不断地改变自己的答案，那么他的得分将为零。

这个测试是为了验证其是否对工作有无限的激情，如果一个没有激情的人对自己的答案不断地放弃不断地改变，而这样的人绝对不会被录取，而一个对工作充满激情的人将始终坚持自己的立场观点，只有这样的人才能被录用。

在比尔·盖茨看来，一个优秀的员工，最重要的素质不是能力、责任或其他（尽管它们也不可缺少），而是对工作要充满无限的热情。

热情可以让我们在工作中发挥出蕴藏着极大的力量，而这力量足以让我们看到成功的奇迹。对职场人士来说，热情是成就事业的基石，是成功的动力源泉。有了热情，我们才能更专注于我们的工作；有了热情，我们才能在职场获得更大的进步；有了热情，我们才会学到职业范围内的更多专业知识，这对我们的职场生涯来说，无疑是一笔巨大的财富。

只有倾注我们对工作的热情，我们才能让自己的事业取得更大的成功！

把工作当成事业

无论我们拥有一份什么样的工作，我们都应该认真地思考一个问题："我们究竟是为什么而工作？"大部分人认为工作是为了薪水，还有些人认为工作是为了消磨时间，只有很少一部分人能在工作中获得快乐、成长和幸福。

不可否认，工作确实能够为我们换取生存资源，为我们打发无聊的日子，但它最重要的作用并不在这两者，而是我们能通过它体现自己的真正价值。如果一个人饱食终日却无所事事，他是不会感到快乐和幸福的，相反他的生命将被无聊、枯燥所充斥，他的人生将如一池死水泛不起一丝波澜。

很遗憾，在现实生活中，不少人都认为薪水是自己身价的标志，所以绝对不能低于别人。尤其是一些初入职场的年轻人，当实际拿到手的薪水与他们想象中的大相径庭时，他们就会非常消极被动地对待工作，也没把工作做得更好的决心，具体的表现如下：

一是敷衍工作。他们认为企业支付给自己的工资太少，所以有理由随便应付工作以示报复。这种消极的心态直接导致他们工作时缺乏激情，能逃避就逃避，能偷懒就偷懒。不难发现，这种人工作仅仅是为了薪水，他们从来不觉得这和自己的前途有着什么必然的联系。

二是到处兼职。为了补偿心理的不满，他们身兼数职，可由于不停地转换角色，致使自己长期处于疲劳状态，结果什么工作都做不好，自然钱也没赚到。

三是时刻准备跳槽。由于薪水不如自己的预期，很多人就将现在的工作当成跳板，时刻准备着跳槽，希望有朝一日能觅得高枝，但最终却因对工作的三心二意，在职场中到处碰壁，什么也没捞着。

总之，一个人如果只是为了薪水而工作，把工作当成解决生计的一种手段，自己却缺乏更高远的目标，那最终他会把工作做得更加糟糕，让自己成为庸庸碌碌大军中的一员。

其实，不同的职业观，往往会带来不同的工作状态，从而造就有着天壤之别的人生际遇。我们如果抱着为薪水而工作的态度，势必不能把工作做得更好。只有抱定为自己工作的态度，才能够让自己在工作中发挥最大的主动性、创造出最大的价值来。

齐瓦勃是伯利恒钢铁公司——美国第三大钢铁公司——的创始人，他在美国的乡村长大，小时候家境贫寒，身无分文。可就是这样一个一贫如洗且只受过短暂的学校教育的小男孩，却有着雄心勃勃的异于常人的事业心，无时无刻不在寻找着发展的机遇。

后来，齐瓦勃来到钢铁大王卡内基所拥有的一个建筑工地打工。在踏入建筑工地的那一瞬间，他就暗暗地告诉自己一定要成为同事们中最为优秀的那个人。因此，当工地上的同事们纷纷抱怨工作辛苦、薪水低廉而消极怠工的时候，他却表现出了积极向上不同寻常的工作态度，始终认认真真地工作，默默地积攒着工作经验，同时还自觉地学习陌生的建筑知识，为以后的发展打好坚实的基础。

有一天晚上，同事们都围坐在一块儿说笑聊天，齐瓦勃却一个人躲在角落里啃书本。没想到，这天刚好公司经理来工地上检查工作，他无意中看见了在墙角看书的齐瓦勃，于是，他好奇地走了过去，翻看了一下齐瓦勃手中的书和笔记本，最后一言不发地离开了。

第二天早上，公司经理问齐瓦勃："你学建筑知识做什么呢？"

"我想我们公司并不缺少打工者，缺少的是既有工作经验，又有专业知识的技术人员或管理者，对吗？"齐瓦勃慢条斯理地回道。

经理笑着颔首，对齐瓦勃的回答表示肯定和赞赏，不久，齐瓦勃就被升职为技师。

很多同事曾嘲讽齐瓦勃的不自量力，他却自信满满地说道："我不光是在为老板打工，更不单纯是为了赚钱，我是在为自己的梦想打工，为自己的远大前途打工。我们只能在业绩中提升自己。我要使自己工作所产生的价值，远远超过所得的薪水，只有这样我才能得到重用，才能获得发展的机遇！"

好一个"我是在为自己的梦想打工"！事实最后也证明，齐瓦勃这种积极正面的工作心态是正确的。正所谓，皇天不负苦心人。他通过自己的努力，凭借着自己积极向上的工作态度，终于建立了一家属于自己的大型的伯利恒钢铁公司，从一个普通的打工者实现华丽转身，成了一代钢铁大王。

这是"为老板工作"和"为自己工作"两种不同的职业观带来的人生际遇的差别所在。

为什么齐瓦勃"为自己工作"的职业观能给他带来事业上的辉煌成绩，而我们却在"为老板工作"的消极心态中做一天和尚撞一天钟，始终无所收益呢？

答案其实很简单。"为自己工作"的心态能让我们在职场上始终保持着一种积极向上、斗志无限、活力四射充满激情的拼搏精神，我们会把公司看成自己的公司，对于任何与公司兴衰存亡有关的事情，都会全力以赴，百分百地去付出，自然，这种人就能够帮助我们把工作做好。

英特尔公司前董事长安德鲁·格罗夫曾发自肺腑地说道："无论在什么地方工作，我们都不应把自己只当作公司的一名员工，而应该把自己当成公司的老板，把工作当成自己的事业。"由此可见，一个人如果想在所属的公司取得良好的成绩，在该行业获得长远的发展，并不在于其学历如何、职位如何，关键是以什么样的心态去对待工作。

杰克在一家快速消费品公司已经工作了两年，一直处于不温不火的状态，待遇不高，但能学到不少东西，还算是比较锻炼人。但在最近和一些老朋友的交流过程中，他发现大家都发展得不错，各方面都要比自己好，这让他开始对现状不满，每天都绞尽脑汁，想着怎么跟老板提加薪或者找准机会跳槽。

终于，他找了一次单独和老板喝咖啡的机会，开门见山地向老板提出了加薪的要求。老板笑了笑，并没有理会。经过这件事，他对工作再也打不起精神来，于是变着法儿消极怠工。一个月后，老板把他的工作移交给了其他员工，大概是准备"清理门户"了。见状，他赶紧知趣地递交了辞呈。

可令他始料未及的是，在接下来的几个月里，他并没有找到更好的工作，所有应聘过的公司给他开出的待遇甚至比原来的还差。

在职场上，像杰克这样本想加薪，最后却赔了夫人又折兵的员工比比皆是。说到底，还是因为他们在工作中无法做到以老板的心态去工作，明明自己的付出十分有限，却奢望得到远远超出付出不知多少倍的回报。

总之，面对工作，只有像老板一样去思考，像老板一样去行动，我们才能将自己的工作做到完美，最终成为老板心目中值得信赖和重用的优秀员工。

有一位成功人士曾说道："如果你时时想着公司的事，总把工作放在心上，老板就会时时想着你的前途，把你放在心上；如果你很少想着公司的事，时常把工作抛在脑后，老板就会很少思考你的未来，也会把你抛在脑后。"可以看到，老板都希望员工能成为他本人的替身，去帮他完成自己力所不能及的工作。

既然如此，我们就要努力破除打工者的心态，把工作当成是自己的事业，就像主人翁那样，总是将工作放在心上，想方设法去追求卓越，力求完美。只有这样，我们才能在事业上收获非凡的成就，从而给自己的人生添上浓墨重彩的一笔。

破除职场迷茫，让自己不再拖延

在职场当中，人难免会出现各种迷茫，而迷茫的情绪一旦出现，就会影响到整个人的工作状态，自然也就无法让人把工作做到最好了。这些处于职场迷茫期的人，是很难把工作做得更好的，他们往往会在"抱怨""忍耐"和"寻求岗位价值最大化"这三条对策中任选一条。

所谓抱怨就是一味地埋怨自己所处的困境，不思进取，不停地在向自己和别人灌输负能量；而忍耐则是不论当下的情况如何糟糕，都选择去忍受这种状况，无动于衷；而寻求岗位价值最大化则是一种力求把当下工作做得更好，实现更多价值的一种对策。

其实，不同的对策就跟田忌的赛马一样，可以分为上、中、下三等。下策自然是"抱怨"，比"抱怨"稍微好一点的就是中策"忍耐"，而"寻求岗位价值最大化"与前面两条对策相比，必然是解决职场迷茫期的"上策"。

在竞争日益激烈的职场，大部分人对于工作中出现的迷茫都显得手足无措，压根儿就搞不清楚问题的症结所在。因此，人们通常都会陷入一种充满抱怨的负面情绪之中，整天唉声叹气，抱怨公司待遇不好，抱怨老板不讲人情，抱怨同事钩心斗角，抱怨客户难搞……抱怨这个，抱怨那个，唯独不愿意抱怨自己，追本溯源从自己身上寻找问题的根源。

这种酷爱抱怨之人，他们的自我责任感一般都比较差，奋斗拼搏的精神也不怎么强，工作也就不会出色。公司为他们提供了一个岗位，他们却没有好好地珍惜，去充分挖掘这个岗位背后潜藏的巨大价值。面对工作，他们时常抱着"差不多就行了"的敷衍态度，长此以往，加薪升职自是与他们无缘。

如果说频繁的抱怨听起来让人觉得心烦，那么，压抑心底的忍耐就平添了几分可怜的色彩。毕竟，默默无闻的忍耐只会给自己带来伤害，并不会过多地累及旁人。

面对工作中的迷茫，一个选择忍耐的人，其精神总是处于紧张和焦虑的状态，他们和喜欢抱怨的人一样，都没有弄明白问题究竟是出在哪里。对于现有岗位提供的机会，他们的认识程度和挖掘深度虽然都比抱怨者高出许多，但还是远远不够。

千万不要认为忍耐一时能换得风平浪静一生，积年累月的忍耐不仅会让人在事业上平庸无为，还会于悄无声息之中拧断一个人的精神之弦。

因此，我们若想成功地度过职场迷茫期，就必须毫不犹豫地选择上策——寻求岗位价值最大化。只有这样，我们才能在跳槽高就无门、自主创业无路的情况下，拼尽全力将手头上的工作做好，充分挖掘当下岗位潜藏的宝贵机会，建立工作带给我们的成就感。

当我们把本职工作做到极致的时候，一定会发现自己成长得比谁都快，迷茫再也不会盘踞在我们的心头，取而代之的将会是对未来职业方向的自信和自知。

费玉心已经快30岁了，今年是她在公司工作的第七个年头，和其他的职场老人一样，她也正面临着工作"七年之痒"，面对着一些迷茫。

可幸运的是，她并没有随波逐流，傻乎乎地选择抱怨和忍耐，而是采取积极的行动，像奥运选手冲刺金牌一样，愈加认真地对待手头上的工作。当其他同事趁老板不注意，偷偷地听歌、看电影以及闲聊时，她却争分夺秒地埋首于案前，从自己花尽心思的工作中不断地寻找茁壮成长的快乐。

人的潜力果然无限，费玉心秉着"做一行，精一行"的工作态度，其业绩竟然在不知不觉中水涨船高，最后遥遥领先于部门的其他同事。就这样，她从一个名不见经传的小职员，摇身一变，一下子就成了公司的"大明星"，不仅同事对她爆发出来的惊人能量暗自称奇，就连公司老板也对她这匹黑马竖起了大拇指。

前不久，公司老板就示意人事部门找费玉心谈话，谈话内容自然是升职加薪的大喜事儿。现在想想，一个人要是能升职加薪，最关键的一点应该还是他已经把手头上的工作做到了极致，成功实现了岗位价值的最大化。若非如此，费玉心也不可能顺利度过工作的迷茫期，公司老板更不可能金口玉言，应许她一个美好的前程。

比尔·盖茨曾说："每一天，都要尽心尽力地工作，每一件小事情，都力争高效地完成，不是为了看到老板的笑脸，而是为了自身的不断进步。"

由此可见，只有倾尽全力做好本职工作，不为自己留下一丝疑惑的空间，寻求岗位价值的最大化，我们才能不断完善自身，把工作做得更好。也唯有如此，我们才能拨开职场的重重迷雾，再睹光明。

养成不拖延的工作习惯

养成良好的工作习惯，有助于改掉在工作中拖延的恶习。

卡耐基对于怎样养成良好的工作习惯曾提出了一些建议，让我们晕头转向的并不是工作的繁重，而是我们没有搞清楚自己有多少工作，该先做什么。

有些人的办公桌上，堆满了可能几个星期都不会看一眼的文件。一家生活时报的发行人说，有一次他的秘书帮他清理了一张桌子，结果发现了一台两年来一直找不着的打字机。

光是看见桌上堆满了还没有回的信、报告和备忘录等，就足以让人产生混乱、紧张和忧虑的情绪。更坏的事情是，经常让你想到"有100万件事情待做，可是没有时间去做它们"，不但会使你心烦得感到紧张和疲倦，而且还可能使你患病。

卡耐基说："我最欣赏两种能力：第一，能思考；第二，能按事情的重要程度来做事"。卢克曼在12年之内，从一个默默无闻的人变成了公司的董事长。他说这都归功于他具有卡耐基所说的那两种能力。卢克曼说："就我记忆所及，我每天早上都在5点钟起床，因为那时候我的思想要比其他时间更清楚。那时候我可以考虑周到，计划一天的工作，按事情的重要程度来决定做事的先后次序。"

白吉尔是美国最成功的保险推销员之一，他不会等到早上5点钟才计划他当天的工作，而是在头一天晚上就已经计划好了。他替自己定下一个目标，定下一个在哪一天要卖掉多少保险的目标。要是他没有做到，差额就加到第二天，依次类推。

卡耐基说：一个人遇事，要拿得起，放得下。要有当机立断的做事习惯。

已故的霍华说，当他在美国钢铁公司任董事的时候，开董事会总要花很长的时间，在会议里讨论很多的问题，达成的决议却很少。其结果是，董事会的每一位董事都得带着一大包的报表回家去看。

最后，霍华先生说服了董事会，每次开会只讨论一个议题，然后得出结论，不耽搁、不拖延。这样所得的决议也许需要更多的资料加以研究，也许有所作为，也许没有，可是无论如何，在讨论下一个问题之前，这个问题一定能够达成某种决议。结果非常惊人，也非常有效。所有的陈年旧账都清理了，日历上干干净净的，董事也不必再带着一大堆报表回家，大家也不会再为没有解决的问题而心烦。

这是个很好的办法，不仅适用于美国钢铁公司的董事会，也适用于每一个人。

第五章
用行动治疗拖延症

如果我们真想知道自己的心境，就应先看看自己的行动。

——托·伍·威尔逊

伟大的思想只有付诸行动才能成为壮举。

——威·赫兹里特

人生来是为行动的，就像火总向上腾，石头总是下落。对人来说，一无行动，也就等于他并不存在。

——伏尔泰

不再拖延，做了再说

本杰明·富兰克林曾说过："今天可以执行的事不要拖到明天。"这与我们常说的"今日事今日毕"是一个道理。很多拖延症患者就是缺乏行动力，他们没有动力去行动，所以才会一直拖延，最终耽误自己。其实，当你不再空想，开始行动的时候，你的拖延症就已经消失了。

如果你有个电话应该打，可是你总是拖拖拉拉，而事实上你已经一拖再拖。如果这时那句"现在就去做"从你的潜意识里闪到意识里："快打呀！"请你立刻就去打电话。

或者，你把闹钟定在早上六点，可是当闹钟响起时，你却觉得睡意正浓，于是干脆把闹铃关掉，倒头再睡。如果这种情况继续下去，你将来就会养成拖延的习惯。假使你把"现在就去做"固定到意识里，你就不得不立刻爬起来不睡了。为什么？因为你要养成"现在就去做"的习惯。

行动可以改变一个人的态度，使他由消极转为积极，使原先可能糟糕透顶的一天变成愉快的一天。

卓根是哥本哈根大学的学生，有一年暑假他去当导游。因为他总是高高兴兴地做了许多额外的服务，因此几个芝加哥来的游客就邀请他去美国观光。旅行路线包括在前往芝加哥的途中，到华盛顿特区做一天的游览。

卓根抵达华盛顿以后就住进威乐饭店，他在那里的账单已经预付过了。他这时真是乐不可支，外套口袋里放着飞往芝加哥的机票，裤袋里则装着护照和钱，后来这个青年突然遇到晴天霹雳。当他准备就寝时，才发现皮夹不翼而飞。他立刻跑到柜台那里。

"我们会尽量想办法。"经理说。第二天早上仍然找不到，卓根的零用钱连两块钱都不到。自己孤零零一个人在异国，应该怎么办呢？发电报给芝加哥的朋友向他们求援？还是到丹麦驻美大使馆去报告遗失护照？还是坐在警察局里干等？

他突然对自己说："不行，这些事我一件也不能做。我要好好看看华盛顿。说不定我以后没有机会再来，但是现在仍有宝贵的一天待在这里。好在今天晚上还有机票到芝加哥去，一定有时间解决护照和钱的问题。

"我跟丢掉皮夹子以前的我还是同一个人。那时我很快乐，现在也应该快乐呀。我不能白白浪费时间，现在正是享受的好时候。"

于是他立刻动身，徒步参观了白宫和国会山庄，并且参观了几座大博物馆。他去不成原先想去的阿灵顿和许多别的地方，但他看过的，他都看得更仔细。他买了花生和糖果，一点一点地吃以免挨饿。

等他回到丹麦以后，这趟美国之旅最使他怀念的却是在华盛顿漫步的那一天。如果他没有运用做事的秘诀就会让那一天白白溜走。"现在"就是最好的时候，他知道在"现在"还没有变成"昨天我本来可以……"之前就把它抓住。

这里顺便把他的故事说完吧，就在出事的那一天过了五天之后，华盛顿警方找到他的皮夹和护照，并且送还给他。

如果下定决心立刻去做，往往会使你最热望的梦想实现。孟列·史威济正是如此。

孟列非常喜欢打猎和钓鱼，他最喜欢的生活是带着钓鱼竿和猎枪步行五十里到森林中，过几天以后再回来，筋疲力尽，满身污泥而快乐无比。

这类嗜好唯一不便的是，他是个保险推销员，打猎钓鱼太花时间。有一天，当他依依不舍地离开心爱的鲈鱼湖，准备打道回府时突发异想：在这荒山野地里会不会也有居民需要保险？那他不就可以同时工作又在户外逍遥了吗？结果他发现果真有这种人：他们是阿拉斯加铁路公司的员工。他们散居在沿线五十里各段路轨的附近。他可不可以沿铁路向这些铁路工作人员、猎人和淘金者拉保呢？

孟列就在想到这个主意的当天开始积极计划。他向一个旅行社打听清楚以后，就开始整理行装。他不肯停下来让恐惧乘虚而入，自己吓自己会使以后自己的主意变得荒唐，以为它可能失败。他也不左思右想找借口，他只是搭上船直接前往阿拉斯加的"西湖"。

孟列沿着铁路走了好几趟，那里的人都叫他"走路的史威济"，他成为那些与世隔绝的家庭最欢迎的人，不只因为没有人愿意跟他们打交道，他却前来拉保；同时，他也代表了外面的世界。不但如此，他还学会了理发，替当地人免费服务。他还无师自通地学会了烹饪。由于那些单身汉吃厌了罐头食品和腌肉之类，他的手艺当然使他变成最受欢迎的贵客啦。而在这同时，他也正在做一件自然而然的事，正在做自己想做的事：徜徉于山野之间、打猎、钓鱼，并且像他所说的"过史威济的生活"。

在人寿保险事业里，对于一年卖出一百万元以上的人设有光荣的特别头衔，叫作"百万圆桌"。在孟列·史威济的故事中，最不平常而使人惊讶的是：在他把突发的一念付诸实行以后，在动身前往阿拉斯加的荒原以后，在沿线走过没人愿意前来的铁路以后，他一年之内就做成了百万元的生意，因而赢得"圆桌"上的一席地位。假使他在突发奇想时，对于做事的秘诀有半点迟疑，这一切都不可能发生。

"现在就去做"可以影响你生活中的每一部分，它可以帮助你去做该做而不喜欢做的事；在遭遇令人厌烦的职责时，它可以教你不推脱延迟。但是它也能像帮助孟列·史威济那样，帮你去做你"想"做的事。它会帮你抓住宝贵的刹那，这个刹那一旦错过，很可能永远不会再碰到。

许多人都有拖延的习惯。因为拖拖拉拉耽误了火车，上班迟到，甚至更严重。错过可以改变自己一生、使自己变得更好的良机。所以，要记住："现在"就是行动的时候。

只有行动者才能抓住机遇

争气的人不会等待机会的到来，而是寻找并抓住机会，把握机会，征服机会，让机会成为服务于他的奴仆。

一个人只有敢于行动，才能真正地获得机遇，才能在人生的道路上驾驭机遇，取得人生中的成功，去实现自己的理想与抱负。

敢于行动的人，才是一个真正成功的人，不断努力创造机遇是行动的一个主要力量。机遇不是等待是创造。世界上所有成功人士都懂得创造机遇的奥秘，那就是敢于行动。机会永远都垂青那些敢于尝试新鲜事物的人们，当机会来临的时候不要犹豫不前，而是要在经过认真思考之后，果断地采取行动，把握机遇！第一个敢于吃螃蟹的人才有可能暴富。我们可以看到，从李嘉诚到潘石屹，哪个不是投机获得的第一桶金？想法决定所需，行动决定所得！无论你想什么，如果没有行动，它就是空想，所以说，一个人若想成功，不应该停在想的阶段，而是应该去行动。

一家公司因用人需要，正在进行招聘工作，此时，招聘室外已经排好了 20 个人。这时，一个男孩也来排队。他立刻意识到自己前面已经排了 20 个人，然而他并没有站在那儿干等。他留了张纸条让排在他后面的人帮他占住这个位置。然后，他就走到招聘室外的秘书小姐处，递给她一张纸条，上面写着："您好！我是第 21 位面试者，请您在面试完 21 个人之前不要轻易做出决定。谢谢！"秘书看到他一表人才，于是答应替他把小纸条交给面试官。面试官看完那张纸条后，笑了笑。

一个人要想获得机会，那么就必须主动伸出你的手去抓，你就得马上行动起来，为机遇的到来做好准备。

一个不行动的人，即使有好的内在资源，说得不好听一点也只不过是只"不产蛋的鸡"。不管有怎样美好的梦想，怎样巧妙的构思，怎样坚定的信心，如果没有行动这只手，这些东西也只是一种虚假的存在。

威廉·詹姆斯在《生命的意义》中曾说："纯粹的理想是生命中最廉价的东西……最不值一提的感伤主义者、梦想者、醉汉、逃避责任者和拙劣的诗人，从不表露丝毫的努力、勇气和耐心，或许他们会有最丰富的理想。"

还有著名作家茨威格也说："不顾一切地采取果断的行动……因为单凭善心和真理，从来没有把人类治愈过，也从来没有把一个人治愈过。"

机遇是自己用行动创造出来的，一个人若想获得机遇，就需要采取行动，把机遇创造出来。如果一个人想等着别人把机遇送到他面前，那他就永远也不会成功。无论从哪方面说，干什么都需要行动。只不过早晚而已，而早晚的结果却是大不相同的。早行动是一种状态，行动早则是一种机遇。如果我们不能把握时机，虽然起步只比别人迟一点，未来可能会比别人差很多。机遇就是行动，一个人要敢于行动，因为它孕育希望。

任何一个机会，都需要我们自己去创造，如果一个人天真地相信好机会在别的地方等着你，或者会自动找上门来，那么，他无疑是一个失败的人，永远不会成功。所以，如果我们现在没有工作，或者是暂时有困难，不要等着好差使上门找你。总之，如果你不用主动、用行动去创造机会，不去发现机会，你就会在守株待兔般的等待中虚度一生。

一只狐狸听说河对岸有甘甜的葡萄可以吃，它便想过河去，可当它走到河边后，聪明的狐狸犯难了，想过河就得弄湿自己光滑、漂亮的皮毛，而如果不过河的话就吃不到甘甜的葡萄。它想着不知道该怎么办。

狐狸在河边踱步、沉思，专注得连身后猎人的脚步声都没有听到。于是它成了猎人的猎物。

在我们的现实生活中，每个人都想获得成功，可真正能成功的人却寥寥无几。那并不是因为他们不够聪明，而是他们太过于聪明了，只是一味地打算，而不去行动，只要去行动，总会有所收获，因为只有行动才会为成功创造机遇。

有一天，三个财主一起出去散步，其中有一个人忽然发现前方躺着一枚闪闪发光的金币，他高兴的眼神顿时凝固了！几乎同时，另一个人也大叫起来："金币！"话音还没有落下来，第三个人已经俯身把金币捡到自己手里。

从这个故事中我们可以知道：每个人在机遇面前都是平等的，行动才是最重要的。在我们的现实生活中，有很多人都发现了很多机遇，但是最重要的是他们没有去做，这也是他们失败的原因。就是他们不能立即通过行动去抓住机遇，最终没有发现机遇。

生活中到处都是机遇，只是看你是否会把握，是否会用自己的行动去抓住它，如果一个人抓住机遇，那这个人就已经成功了一半，而另一半就是我们所说的，也是最重要的——行动！机遇对每个人来说是一样的，但是，对不同行动的人又是不一样的。机遇只留给有强烈创业欲望及事业心的人，他们会用行动去得到机遇。这样的人生活处事时时留心，善于通过健康心理的作用透视现象，产生超前思维，并大胆设计付诸行动，这样才会有一个好的人生。

行动会使一个人实现梦想，行动也会使一个人在平凡中脱颖而出，也只有行动才有可能成功，一百次的心动不如一次的行动，大胆行动，行动创造价值，积极行动可以使你抓住成功的机遇，在我们的生活中，我们应该用敏锐的目光去发现机遇，用果敢的行动去抓住机遇；还要用坚持不懈的努力去把机遇变成真正的成功。

勇敢行动勿拖延

在我们身边，许多成功人士，并不一定是比你"会"做，更重要的是他比你"敢"做。

哈默就是这样一个人。

1956 年，58 岁的哈默购买了西方石油公司，开始大做石油生意。石油是最能赚大钱的行业，也正因为最能赚钱，所以竞争尤为激烈。初涉石油领域的哈默要建立起自己的石油王国，无疑面临着极大的竞争风险。

首先碰到的是油源问题。1960 年石油产量占美国总产量 38%的得克萨斯州，已被几家大石油公司垄断，哈默无法插手；沙特阿拉伯是美国埃克森石油公司的天下，哈默难以染指……

如何解决油源问题呢？

1960 年，当花费了 1000 万美元勘探基金而毫无结果时，哈默再一次冒险地接受一位青年地质学家的建议：旧金山以东一片被的士古石油公司放弃的地区，可能蕴藏着丰富的天然气，并建议哈默的西方石油公司把它租下来。哈默又千方百计从各方面筹集了一大笔钱，投入了这一冒险的投资。当钻到 860 英尺（262米）深时，终于钻出了加利福尼亚州的第二大天然气田，估计价值在 2 亿美元以上。

哈默成为成功人士的事实告诉我们：

"风险和利润的大小是成正比的，巨大的风险能带来巨大的效益。"

"幸运喜欢光临勇敢的人，冒险是表现在人身上的一种勇气和魄力。"

冒险与收获常常是结伴而行的。险中有夷，危中有利。要想有卓越的结果，就要敢冒风险。

1752 年 7 月的一天，富兰克林在野外放风筝进行捕获雷电的试验。

他的风筝很特别，用杉树做骨架，用丝手帕当纸，扎成菱形的样子。风筝的顶端装了一根尖尖的铁针，放风筝的麻绳的末端拴着一把铁钥匙。

当风筝飞上高空不久，突然大自然发怒了，大雨降临，闪电雷鸣。富兰克林对全身被淋湿毫不在意，对可能被雷击中也不畏惧，他全神贯注于他的手。当头顶上闪电的瞬间，他感到自己的手麻酥酥的，他意识到这是天空的电流通过湿麻绳和铁钥匙导来的。

他高兴地大叫：

"电，捕捉到了，天电捕捉到了！"

瑞典化学家诺贝尔为了完成科学发明，一生都在死神的威胁下，冒着生命危险研究烈性炸药。1867 年秋，在一次试验中，贡献了一位亲兄弟的生命，父亲负伤成了残疾，他的哥哥也身受重伤。在这些代价面前，一旦机会光临，他自然会死死抓住不放的。

事情就是这么巧，有一天，诺贝尔意外地发现搬运工人从货车上卸下甘油罐，从有裂缝的甘油罐中流出来的液体，居然和罐子与罐子之间塞进的硅藻土混合而成固体，没有发生爆炸。

一个固体物当然在搬运、贮存上都很安全，这个线索给诺贝尔一个有益的启示。

他抓住这个线索进行实验，证明硅藻土是一种很好的吸附剂，它能吸附三倍于自身重量的硝化甘油仍保持干燥，并可以把硝化甘油的硅藻土模压成型，即使被引爆，而且它的爆炸力与纯净的硝化甘油相等。这样，就发现了一种既有强大威力又安全可靠的烈性炸药，从而使烈性炸药得到了广泛的应用。

我们做任何事都要有这种勇气和魄力，看准了就立刻行动，不要拖延误事。只有勇敢行动不拖延，人生才能更精彩。

面对挑战不要拖延

一个成功的人，不能没有接受挑战困难与未来的勇气。完全可以说，勇于接受挑战的精神是成功者的灵魂，人生的每一步发展，就是在接受一个又一个的挑战中寻找机遇，进而实现成功的。可以说，成功总属于那些敢为人先、勇于担当的先锋和行动者，他们是以积极的心态、勇于接受挑战的斗士，是面对困难挺身而出、从不退缩的勇士。

意大利首屈一指的菲亚特汽车公司是菲亚特集团的一个重要组成部分，它的年利润占据了菲亚特公司的三分之二，也是世界十大汽车公司之一。谁也不会料到这家赫赫有名的公司，在1979

年以前的十年里，竟是个濒临倒闭的公司。由于它连年亏损，无法进行再投资，被迫将 13% 的股票卖给了对外银行。

面对这种困境，菲亚特集团老板艾格龙尼是卖掉剩余股票，彻底将这个目前亏损的公司转手出让，还是接受挑战，对菲亚特汽车公司进行大幅度的调整、改革？面对目前的情况，想让企业起死回生，这在别人的眼里简直是天方夜谭，即使再有回天之力，未来也不过是一个未知数。

但是，艾格龙尼没有就此罢休，具有闯将的魄力与胆识使他义无反顾地接受挑战。他一方面继续积极管理着菲亚特集团，另一方面在努力寻求摆脱困境的方法。

皇天不负苦心人，终于有一天，艾格龙尼想到了一位朋友维托雷·吉德拉，他是一位极具才华与能力的人。但艾格龙尼也没有把握，吉德拉是否愿意接受他的邀请，面对着菲亚特汽车公司目前的窘境，是否有勇气接受无法欲知未来的挑战。

双方见面一拍即合，艾格龙尼任命吉德拉为菲亚特汽车公司总经理，将公司全权交给他独立经营。吉德拉管理才华出众，平易近人，具有不屈不挠而又吃苦耐劳的性格，而且像老虎一样敢于接受各种挑战，艾格龙尼正是看中了朋友的这些优点而邀请他来任职的。

吉德拉上任后，没有让艾格龙尼失望。他面对着眼前濒临倒闭、一团乱麻无法正常运转的公司，果然出手不凡，大刀阔斧地进行了一系列行之有效的改革。

比如，注重提高员工文化素质，改组管理机构；为了加强新车开发，他还冒着风险，重新设立了首席工程师一职，并授予广泛的权力。

设立了首席工程师一职，是吉德拉走的一步险棋，冒着决策失误的风险，去迎接未来的挑战与检验。

首席工程师除了有权决定新型号汽车的设计外，还负责全盘考虑新车的市场前景，统筹生产制造的各个环节，挑选零部件供应商，制定拓销策略；对于可能影响未来车型的各种问题，则及时加以解决，使产品更好地适应市场的需要。

自实施首席工程师制度以来，大大加快了新车开发的速度，为市场竞争赢得有利的条件。

在吉德拉的改革下，菲亚特汽车公司很快摆脱了困境，到1984年终于使新车销售达到了100万辆，跃居欧洲第一。吉德拉本人也由于经营有方而闻名，被人们称为欧洲汽车市场的一代"霸主"。

艾格龙尼在困难面前没有失去信心，没有裹足不前，没有选择放弃，而是勇敢地接受挑战，在挑战中寻找着成功，寻找着机遇，为扭转企业的命运进行着不懈的努力，直到彻底实现了他人认为很难实现的目标。

被吉尼斯世界记录称为"全世界最伟大的推销员"的乔·吉拉德是这样说的："要在挑战中实现梦想，体现价值。"

"成功的起点是：首先要敢于接受挑战。就算你有过人的专业技能、渊博的知识、聪慧的头脑，可如果你没有一种敢于挑战困难的勇气，那么没有你可以胜任的工作。"乔·吉拉德如是说。

刚做汽车销售这行时，他只是公司42名普通的销售员之一。销售工作是一种时时要接受挑战，时时要面对很多不确定的困难的工作，其他的那些销售员，他有一半不认识，他们常常是来了又走，流动很快。

但是乔·吉拉德从来不像别人一样来了又走。在每一个挑战面前，他始终表现出一种沉着、果敢，不达目的绝不罢休的态度。

就在乔·吉拉德一个月没有卖掉一辆汽车时，他没有退缩，没有放弃，没有一蹶不振，而是以同样的热情，去迎接每一个崭新一天的挑战。

敢闯的人总会说："挑战是具体的，是可以看得见，摸得着的。迎接挑战则是对每一个困难的解决和克服！"

乔·吉拉德做销售时业绩突出。一次，公司欲派他到一个新的地区去开拓市场，是放弃现在业已取得一定成绩的工作和放弃稳定的待遇，还是去拼搏前途未卜的新的机遇？是在原来的岗位上稳扎稳打，还是去挑战也许是没有任何结果的未来？

曾有一段时间乔·吉拉德彷徨了，犹豫了。

但是，经过认真思考，乔·吉拉德还是毅然接受了任务，不计个人得失，去为公司开拓新的市场。

面对困难时退缩，不是乔·吉拉德的性格；勇于接受未知的挑战，才是乔·吉拉德的选择。

选择容易做出，局面却难以打开。面对新的市场，乔·吉拉德一个月没有卖掉一辆汽车，但仍没有让他放弃新的市场的开拓，多年来的经验教训告诉他，销售行业是一个不断挑战自我，挑战勇气的工作，如果现在退出，那就等于举手投降、全盘放弃。

乔·吉拉德没有畏缩不前，他坚持着。

乔·吉拉德这回真的胜利了。在他不懈的努力下，市场给了他丰厚的回报。还以自己无人能匹敌的销售业绩被载入吉尼斯世界纪录，被誉为"全世界最伟大的推销员"。

做一个敢于应对挑战的行动者吧！大任也必将降落在行动者的肩头，事业在每一个挑战中成功，生命在每一个挑战中升华。

不要聪明反被聪明误

我们当中总有些人在做事前先要费尽心思地盘算能不能偷工减料，能不能找到解决问题的小窍门、小技巧，甚至不惜损害他人的利益来达到自己的目的。这些人总以为自己很聪明，可事实证明，越是自作聪明的人，越是"聪明反被聪明误"。

人若有些小聪明是好事，但是我们不应当将所有的希望，将事物的成败都寄予我们的"小聪明"上，更多的时候，我们需要的是脚踏实地地去做，去努力，而不是依靠投机取巧。

世界上最伟大的哲学家之一的柏拉图正和他的学生走在马路上。这名学生是柏拉图的得意弟子之一。他很聪明，总是能在很短的时间之内领会老师的意思；他很有潜力，总是能提出一些具有独特视角的问题；他也很有理想，一直希望自己能够成为像老师一样伟大，甚至比老师还要博学的哲学家。所以他常常自视聪慧，不愿意在学识上多下功夫，自认为聪明能敌过他人的努力。

但是柏拉图认为他还需要生活的历练，还需要更加刻苦。柏拉图曾经语重心长地对这名学生说过一句话："人的生活必须有伟大理想的指引，但是仅有伟大的理想而不愿意脚踏实地，一步一个脚印地朝着理想奋进，那也就不能称为完美的生活。"

这名学生知道老师是在教导自己要脚踏实地，但他认为自己比别人聪明，总能用一些技巧轻易地解决问题；自己的理想也比别人的更加伟大，所以只要自己想做的，总能轻易地取得成功。

柏拉图也相信这名学生能够做出一番大事业，但是他却只看到大目标而不顾脚下道路的坎坷以及自身的缺点。柏拉图一直想找一个合适的机会让学生自己意识到他的这一缺点。

一天，柏拉图看到他们前面不远处有一个很大的土坑。这个土坑周围还有一些杂草，平常人们只要稍加注意就可以绕过这个土坑，但柏拉图知道他的学生在赶路时经常不注意脚下。于是，他指着远处的一个路标对学生说，"这就是我们今天行走的目标，我们两个人今天进行一次行走比赛如何？"学生欣然答应，然后他们就开始出发了。

学生正值青春年少，他步履轻盈，很快就走到了老师的前面，柏拉图则在后面不紧不慢地跟着。柏拉图看到，学生已经离那个土坑近在咫尺了，他提醒学生"注意脚下的路"，而学生却笑嘻嘻地说："老师，我想您应该提高您的速度了，您难道没看到我比您更接近那个目标了吗？"

他的话音刚落，柏拉图就听到了"啊！"的一声叫喊——学生已经掉进了土坑里。这个土坑虽然没有让人受重伤的危险，但是它却足以使掉下去的人无法独自上来。

学生现在只能在土坑里等着老师过来帮他了，柏拉图走过来了，他并没有急着去拉学生，而是意味深长地说："你现在还能看到前面的路标吗？根据你的判断，你说现在我们谁能更快地到达目的地呢？"

聪明的学生已经完全领会了老师的意思，他满脸羞愧地说："我只顾着远处的目标，却没走好脚下的每一步路，看来还是不如老师呀！"

一个人拥有智慧的头脑是值得骄傲的，但是聪明并不代表着一切，聪明是天赋，是先天的优势，但是成功却等于1%的天赋加上99%的汗水。倘若你比他人有天赋，那说明你比他人离成功更近，你有更多的资本走上成功的捷径，但并不代表着成功。如果仅仅想要依靠聪明天赋来成就一番事业，而不愿意脚踏实地、勤奋努力地做事，那即使有再高的天赋也是无用的，因为成功还必须有付出和努力。

聪明也并不代表智慧。很多人在不同的方面都有些小聪明，但真正有大智慧的人却寥寥无几。

莎士比亚提醒我们，千万不要自作聪明，变成"一条最容易上钩的游鱼"，"用自己全副的本领"来"证明自己的愚笨"。

一个人如果把心思过多地用在小聪明上，他必定没有精力去开发和培植他的大智慧。聪明和智慧是两个不同的概念，智慧有益无害，聪明益害参半，把握得不好的小聪明则贻害无穷。

拥有太多小聪明的人，往往都用于追逐眼皮底下的急功近利，看不到长远的根本利益。相反地，具有大智慧者很少会在众人面前炫耀自己的聪明才智，他们更不会自作聪明地干一些实际上愚蠢至极的事情。真正的聪明者不需要通过投机取巧来加以表现，自作聪明者常常反被自以为是的小聪明所累。

一位哲人说过："投机取巧会导致盲目行事，脚踏实地则更容易成就未来。"

我们的成功需要智慧，更需要脚踏实地地付出。人要站的牢才会走得稳，投机取巧走捷径或许在一时能得到好处，但是因为没有厚实的基础，脚步太过于轻快，导致的结果只会是在长途跋涉中落后于别人。作为一个渴望获得成功的人来说，我们的眼光永远看向前方，但是前进的道路却在我们脚下，只有实实在在地走好每一步，才能走得更远。

世界上绝顶聪明的人很少，绝对愚笨的人也不多，一般人都具有普通的能力与智商。但是，为什么许多人都无法取得成功呢？

一个最重要的原因在于他们习惯于投机取巧，用小聪明来替代所必须要付出的心血，不愿意付出与成功相应的努力。人们都懂得"宝剑锋从磨砺出，梅花香自苦寒来"的道理。可是一旦摊上自己做事，马上就又回复到"投机取巧"的"捷径"上来了。

投机取巧会使人堕落，让人不断拖延，最终一事无成。只有勤奋踏实地工作才是最高尚的，才能给人带来真正的幸福和乐趣。成功者的秘诀就在于他们能够摒弃"投机取巧"的坏习惯，无视那些小聪明，用自己的努力开创属于自己的辉煌人生。

不怕失败，大胆尝试

你可能有很多美妙的构想、详尽的计划，但如果你不去尝试，不敢行动，那么它们就毫无意义。只有大胆尝试，才能把梦想化为现实。

美国探险家约翰·戈达德说："凡是我能够做的，我都想尝试。"在约翰·戈达德15岁的时候，他就把他这一辈子想干的大事列了一个表。他把那张表题名为"一生的志愿"。表上列着："到尼罗河、亚马孙河和刚果河探险；登上珠穆朗玛峰、乞力马扎罗山和麦特荷恩山；驾驭大象、骆驼、鸵鸟和野马；探访马可·波罗和亚历山大一世走过的道路；主演一部《人猿泰山》那样的电影；驾驶飞行器起飞降落；读完莎士比亚、柏拉图和亚里士多德的著作；谱一部乐曲；写一本书；游览全世界的每一个国家；结婚生子；参观月球……"每一项都编了号，一共有127个目标。

当戈达德把梦想庄严地写在纸上之后，他就开始抓紧一切时间来实现它们。

16岁那年，他和父亲到了乔治亚州的奥克费诺基大沼泽和佛罗里达州的埃弗格莱兹去探险。这是他首次完成了表上的一个项目，他还学会了只戴面罩不穿潜水服到深水潜游，学会了开拖拉机，并且买了一匹马。

20岁时，他已经在加勒比海、爱琴海和红海里潜过水了。他还成为一名空军驾驶员，在欧洲上空做过33次战斗飞行。

21 岁时，已经到 21 个国家旅行过。

22 岁刚满，他就在危地马拉的丛林深处，发现了一座玛雅文化的古庙。同一年，他就成为"洛杉矶探险家俱乐部"有史以来最年轻的成员。接着，他就筹备实现自己宏伟壮志的头号目标——探索尼罗河。

戈达德 26 岁那年，他和另外两名探险伙伴，来到布隆迪山脉的尼罗河之源。三个人乘坐一只仅有 60 磅重的小皮艇，开始穿越 4000 英里的长河。他们遭到过河马的攻击，遇到了迷眼的沙暴和长达数英里的激流险滩，闹过几次疟疾，还受到过河上持枪匪徒的追击。出发十个月之后，这三位"尼罗河人"胜利地从尼罗河口划入了蔚蓝色的地中海。

紧接着尼罗河探险之后，戈达德开始接连不断地实现他的目标：1954 年他乘筏漂流了整个科罗拉多河；1956 年探查了长达 2700 英里的全部刚果河；他在南美的荒原、婆罗洲和新几内亚与那些食人生番、割取敌人头颅作为战利品的人一起生活过；他爬上阿拉拉特峰和乞力马扎罗山；驾驶超音速两倍的喷气式战斗机飞行；写成了一本书《乘皮艇下尼罗河》；他结了婚，并生了五个孩子。开始担任专职人类学者之后，他又萌发了拍电影和当演说家的念头。在以后的几年里，他通过讲演和拍片，为他下一步的探险筹措了资金。

将近 60 岁时，戈达德依然显得年轻、英俊，他不仅是一个经历过无数次探险和远征的老手，还是电影制片人、作者和演说家。戈达德已经完成了 127 个目标中的 106 个。他获得了一个探险家所能享有的荣誉，其中包括，成为英国皇家地理协会会员和纽约探险家俱乐部的成员。沿途，他还受到过许多人士的亲切会见。他说："……我非常想作出一番事业来。我对一切都极有兴趣：旅行、医学、音乐、文学……我都想干，还想去鼓励别人。我制定了那张奋斗的蓝图，心中有了目标，我就会感到时刻都有事做。我也知道，周围的人往往墨守成规，他们从不冒险，从不敢在任何一个方面向自己挑战。我决心不走这条老路。"

戈达德在实现自己目标的征途中，有过18次死里逃生的经历。"这些经历教我学会了百倍地珍惜生活，凡是我能做的，我都想尝试，"他说，"人们往往活了一辈子，却从未表现出巨大的勇气、力量和耐力。但是，我发现，当你想到自己反正要完了的时候，你会突然产生惊人的力量和控制力，而过去你做梦也没想到过，自己体内竟蕴藏着这样巨大的能力。当你这样经历过之后，你会觉得自己的灵魂都升华到另一个境界之中了。"

"《一生的志愿》是我在年纪很轻的时候立下的，它反映了一个少年人的志趣，其中当然有些事情我不再想做了，像攀登珠穆朗玛峰或当'人猿泰山'那样的影星。制定奋斗目标往往是这样，有些事可能力不从心，不能完成，但这并不意味着必须放弃全部的追求。"检查一下你的生活并向自己提出这样一个问题是很有好处的：'假如我只能再活一年，那我准备做些什么？'我们都有想要实现的愿望，那就别拖延，从现在就开始做起！"

很多人都有美妙的构想、详尽的计划，但如果一直拖延着不去尝试，就永远无法达到既定的目标。只有勇敢地行动起来，才有可能取得成功。

路都是自己走出来的

　　无论是一穷二白、毫无家世背景的穷小子，还是有着政治家的父亲、事业家的母亲的幸运儿，如果想成为真正的成功者，只有通过自己的打拼，才能闯出自己的天下。没有谁能给你铺好一条通往成功的路——成功的路，是要靠自己干出来的！

　　美国"假日旅店大王"科尔斯·威尔逊，在世界上拥有"假日旅店"（包括饭店）达3000多家，他个人拥有的财富在2亿美元以上，早已经踏入了巨富的行列。他就是坚持自己的意念，自己开拓了一条崭新的路，并最终让世人都看到这条道路就是通向成功的大路。

　　年轻时的威尔逊并不是很顺利的，他曾经从事过好几种职业，但都不能在行业中崭露头角，这对一个有着远大理想的人来说，确实是一种折磨。

　　1952年的一天，他到一家旅馆投宿，看到旅馆的环境很脏，服务也很差，使他很不高兴。失望之余，他忽然兴起了一个念头：我何必着眼于别人的过错而不满呢？我应该看看别的方面，如我如果开一家旅馆，好好经营，不就可以把这些差的旅馆的生意抢过来了吗？

　　威尔逊认为这是个不错的主意，但是开一家好旅馆是很普通的，未必有那么大的竞争力，要是能有更新鲜的方式，就会大不一样了。威尔逊这时思考的不是要不要开一家旅馆，而是要怎样开一家有自己特色的旅馆。

　　当时，美国的汽车工业发展得十分迅猛，威尔逊一向关注于此，他已经预感到"汽车化社会"很快就要到来了。他的心中产生一个新奇的想法：可以创办一种新型旅馆——"汽车旅馆"，专门为汽车司机服务。

　　可是，这样的旅馆在世界上还没有出现过，因此没有什么经验可以借鉴，不知道能不能成功。不过威尔逊认为这样的大方向应该是没有错误的，前景是很好的，应该去尝试。至于具体的新型旅馆的经营，就要靠自己慢慢地摸索，逐步地改善了。

　　于是，这年冬天，威尔逊便在田纳西州的孟菲斯开办了第一家"汽车旅馆"。这家旅馆的优势是房租低廉、整洁卫生、服务一流。它提供廉价、味美、量多的食品，使顾客能以普通的价钱吃到一般美国人所吃的三餐。

　　因为是"汽车旅馆"所以为驾驶者和汽车的服务就成为旅馆的特色。旅馆专门建有停车场，驾驶汽车的人们来到这家"汽车旅馆"住宿，感到处处透着舒适和方便。因此，这家旅馆的口碑越来越好，生意也越来越兴隆。威尔逊看到了成功的影子，进而雄心大发，没用几年的时间，就陆续在美国各地开设了数百家这样的汽车旅馆，形成了庞大的连锁组织。

　　20世纪50年代后期，旅游业兴起，世界各地每年有数以百万的游客拥来美国。威尔逊又决定创办"假日旅店"，特色定位于专门为国外旅客服务。他四处寻找兴建这种旅店的地皮，或采用专利权方式组织连锁旅社，大力扩展业务。

　　"假日旅社"仍然是以清洁、方便、价廉为经营宗旨，旅社内专门社有"犬屋"，给喜欢带着爱犬外出旅游的人提供服务。饮食限于适合大众化的品种，讲求廉价美味且量多；酒也不卖进口的高级品，只卖大众化的"假日旅店牌"威士忌，总之，一切都为游客着想，使大众的利益与企业的利益一致化，也正是它的一个经营特色。

到 1976 年，威尔逊在美国各地经营的"假日旅社"就有1543 家之多。

威尔逊的理想实现了，他成功了，富有了，并且走的是自己闯出的道路。对每个闯荡社会的人来说，这确实是个很好的启迪。

会干的人，往往都存在一个显著特征：遇事头脑清醒，对待问题思维灵活、机动，有着自己独到的见解，和独立解决问题的能力。他们不愿意跟在别人的后面，去重复别人的工作和方法，而是自己思考出多种方案。也就是说他们习惯于充分培养、发挥自己的创造性的思维，走自己的路。

保持行动，你总会赢

一个执行力强的人总是不断地尝试，不断地改进，不断地行动。人性中最可贵的一点是人有选择的自由，成功者为求得自我的充分发展，不惜一切代价获得自由，以成就生命的伟大。

相传虞舜时代有位董公，有养龙的本领。舜帝为奖励他养龙的功绩，赐他为豢龙氏。豢龙氏得到两条龙，于是把龙饲养起来。

这两条龙住进了为它们准备的房子和池塘里，于是觉得百川四海不值得游；吃着主人给准备的美食，觉得海中的鲸鱼也不够肥美了。那两条龙吃得好，住得舒服，在池子里慢悠悠地游动，挺安逸的样子。接受主人的安抚，舍不得离开。

一天，有条野龙在驯龙的池边飞腾而过，那两条驯龙向野龙打招呼，说："你干什么去！天地之间无边无际，天冷了，就得潜伏起来；天热了，就得向高处飞，能不辛苦吗？何不跟我们住在一起，有多安逸！"

野龙抬起脑袋笑道："你们这地方多拘谨呀！老天赋予我们这样的形体，头上长着角身上披着鳞；老天赋予我们这样的德行，在泉中潜伏，在天上飞翔；老天赋予我们这样的灵性，呼气为云而驾驭风；老天赋予我们这样的职责，抑制烈日而施雨露给枯槁的草木。我们在无边无际的宇宙之外观览，在辽阔的原野上歇息。穷尽天地的边际，历经万物的变化，真是快乐极了！现今你们苟且地生存在像牛马蹄子踩出来的那点小水坑里，碰到的不过是泥沙。只有水蛭蚯蚓这类东西做伴，受制于豢龙人的嗜好而得到一点残汤剩饭，你们的形体虽和我一样，但乐趣却根本不同。受别人玩弄和人家的好处，被人扼住喉咙宰割成几大块，那是极容易的。我正要为你们感到悲哀而要拉你们一把，你们为什么反要诱惑我进那个陷阱呢！你们被杀掉的命运，看来不可避免了。"

野龙继续向前飞，不久，那两条驯龙果然成了夏后氏的肉酱。

千千万万的人，生活在一种束缚的、阻碍的环境中，生活在一种足以挫折人热忱、消磨人志气、分散人精力、浪费人时间的空气中，他们没有勇气去斩除束缚他们的锁链，去追求自由自在的生活，最终，他们的志向，会因没有活动及失望之故而归于毁灭。

许多人都为"愚昧"所幽囚，他们永远不能得到教育所能给予人们的自由，他们的精神力量永远封锁着，不能开放。他们没有勇气为求从愚昧中解放出来而奋斗；没有毅力去补救自己早年失学所带来的无知。

太多人因恐惧失败而不敢轻举妄动。这种恐惧心理局限于我们的眼界，低估了我们的能力。

有人曾做过这样一个实验：

把几只蜜蜂放在瓶口敞开的瓶子里，侧放瓶子，瓶底向光，蜜蜂会一次又一次地飞向瓶底，企图飞近光源。它们绝不会反其道而行，试试另一个方向。困于瓶中对它们来说是一种全新的情况，是它们的生理结构始料未及的情况。因此，它们无法适应改变之后的环境。

这位科学家又做了一次，这次瓶子里不放蜜蜂，改放几只苍蝇。瓶身侧放，瓶底向光。不到几分钟，所有的苍蝇都飞出去了。它们多方尝试？？向上、向下、面光、背光。它们常会一头撞上玻璃，但最后总会振翅向瓶颈，飞出瓶口。

然后，科学家解释这个现象说："横冲直撞要比坐以待毙高明得多。"

铲除一切足以阻碍、束缚我们的东西，走进自由而和谐的环境中，这是事业成功的重要准备。我们大部分人的毛病，就是在心中有志于成功，然而却不肯努力去求得成功。我们太信任"命运"了。

许多曾在世界上成就过大事业的人，他们伟大的力量、广阔的心胸、丰富的经验，究竟是从哪里得来的？他们会告诉你，那是奋斗的结果，是在挣脱不自由、不良的环境，斩除束缚他们的桎梏，求得教育，脱离贫困，执行计划，实现理想的种种努力中获得的。

早行动才能早成功

伴随着你的出生，时间就像一位忠实的朋友，时时刻刻守在你的身边，它不向你索取什么，只是默默地向你支付大把的日子。但时间是有个性的，你如何对待它，它就如何对待你。

人们不论做什么事情，都必须有个良好的开始。

一个最简单的比方，我们每一个人写信时，开头的几句是要多用些心思的。

任何工作都是开头难。开始工作，务必格外卖力气。也就是说，集中全部的意志力，克服开始工作时的困难。这是处理工作的又一秘诀。

"晚 30 分钟上班，还不是一样。"有的人这样说道。

"可不是，起初 30 分钟，有哪个在工作的……"

确实不错，上班后头 30 分钟里，工作效率是最低的。其中，还有的人整个上午都提不起精神。这些人都是将应该立即工作的那段宝贵时间白白浪费掉的懒惰者。

早晨谁不贪睡？然而既然醒了，就该立即起床，这是扫除瞌睡的最好方法。如果无精打采的，反而睡意更浓，活动一下，会使脑筋清醒。

早晨要使出全部精神状态，穿着要整齐，早餐要吃饱，然后尽力地工作。有气无力地开始工作，要么工作效率低，要么完不成。

精神焕发地开始，也就等于事情成功了一半。

另外，强而有力的开始，对于消除怯场的毛病也很有用处。剧团老板对这一点很有经验。怯场最易发生于公演的第一天第一场。所以为了鼓励演员们第一天就能演出成功，必须使他们能够沉着应付。

例如，演剧界的某大老板，他就常在演出时站在舞台旁边，每当遇到神色不安的演员，不得已时，就踢他们一脚，然后把他们推到舞台上。演员会惊得跳起来，因此而松弛了紧张情绪，沉着地在舞台上发挥出最高的演技。

初次在公众面前露面的一瞬间，是最困难的，所以不妨在心里踢自己一下，之后便能很顺利地进行下去。

开始时一定要下一番功夫，这样便可知道，你实际的技艺和胆量到底能发挥到何种程度。任何事情，没有从一开始就能顺利地做成的。

强有力的开始，就等于完成了事情的一半。再举一个例子，一位名叫杰姆斯·迪克的老板看见他的朋友洛克斐将中小油田公司建成了巨大的公司，自己也想设立大烟草公司。

"好，开始了。"他毫不为难地说。确实，正是他这种不畏困难开始行动的精神，在随后几年中他的事业也达到了巅峰。

一再地想，不如立即开始。

不要拖延到明天，立即开始。

不要以为有多么难，立即开始。

思考要周详，要聚集一切才智和气力。

这时候，勇气也是很要紧的，怯懦的心或许要说："这种事情，我办不了。"但是如能强制自己开始工作，或许你也能办好这种事情。

或许你用不着这"开始的奋发"，也能把事办好，不过还是在每天早晨，热心诚意地开始任何工作吧。你将会有比现在更多的工作，得到更大的成功。

而在相同的时间内，用相同的劳力做尽可能多的事情的最佳方法就是即时处理。

简单地说，就是凡决定自己要做的事，不管它是什么事，就立刻动手去做，"立刻"这一点至关重要。

立刻动手，这不仅省去了记忆、记载或从头再想的时间，而且可以解除把一件事总记挂在心上的思想包袱。

脑海中一旦闪现出对工作有用的想法和主意时，要马上动手记下来。无论什么事，"再来一次吧"都会造成时间浪费。诚然，有些事情是需要深思熟虑的，是需要花时间考虑的。但对于不太重要的事，该做决定就应立即做决定，并马上动手去干。

然而，有些人却有很不好的工作拖拉作风，本来可以随手处理的事，却拖得几天几周办不了，几天内可以办的事，却几个月不见踪影。还有的人对需要解决的问题还有意识地"踢皮球"，你踢向我，我踢向你，这样导致工作效率极低。殊不知，被拖延的事务，将来仍然需要做，而且需要花费更多的精力去做。

拖延必然要付出更大的代价。能拖就拖的人心情总不愉快，总觉疲乏。因为应做而未做的工作不断给他压迫感。"若无闲事挂心头，便是人间好时节"，拖延者心头不空，因而常感时间压力。拖延并不能省下时间和精力，刚好相反，它使你心力交瘁，疲于奔命。不仅于事无补，反而白白浪费了宝贵时间。

拖延的恶习，说穿了是为了暂时逃避内心深处的恐惧感。

首先，恐惧失败。似乎凡事拖一下，就不会立刻面对失败了，而且还可以自我安慰：我会做成的，只是现在还没有准备好。同时，拖延能为失败留下台阶，拖到最后一刻，即使做不好，也有借口说，在如此短的时间内能有如此表现已经是很不错的了。

其次，恐惧不如人。拖到最后，能不做便不做了，既消除了做不好低人一等的恐惧，还满足了虚荣心，告诉别人，换成是我的话，做得肯定比他们好。

因此，养成遇事马上做，现在就做的习惯，不仅克服拖延。久而久之，必然培育出当机立断的大智大勇。

哲学家塞涅卡说："时间的最大损失是拖延、期待和依赖将来。"时间是水，你就是水上的船，你怎样对待时间，时间就会怎样来沉浮你。

及时行动，成功在望

功成名就者的重要特点之一就是立即行动。敢作敢为可以使一个人的能力发挥到极致，排除所有障碍，使人全速前进而无后顾之忧。凡是能排除所有障碍的人，常常会建立奇功或有意想不到的收获。不要抱怨自己的命运不好，行动就是力量。唯有行动才可以改变你的命运。我们总是在憧憬，有计划而不去执行，以致让拖延成为习惯，结果只能是一无所有。因此，我们一定要克服拖延的习惯，立即行动起来，做了再说。

成功的人并不是在问题发生以前，先把它统统消除，而在发生问题时，有勇气克服种种困难。我们对于一件事情的完美要求必须折中一下，这样才不至于陷入行动以前永远等待的泥沼中，最好是有逢山开路、遇水架桥的大无畏精神。

汤姆·霍普金斯是当今世界顶尖推销训练大师，接受过其训练的学生在全球超过 500 万人。他认为他的成功来自及时行动。下面是他对及时行动促使成功的经验的讲述：

"你知道，我在踏入推销界之前是多么的落魄，在从事推销后我的命运又发生了怎样的转机。我永远也不会忘记当初我参加的那个推销培训班，我的所有收获都源于那次学到的东西，后来，我又潜心学习，钻研心理学、公关学、市场学等理论，结合现代观念进行推销，终于大获成功。在美国房地产界三年内赚到了 3000 多万美元，此后我成功参与了可口可乐、迪士尼、宝洁公司等杰出企业的推销策划。在销售方面，我是全世界单年内销售最多房地产的业务员，平均每天卖一幢房子。后来我的名字进入了吉尼斯世界纪录，被国际上很多报刊称为国际销售界的传奇冠军。

"当我的事业迎来辉煌的时候，有人问我：'你成功的秘诀是什么？'我回答说：'每当我遇到挫折的时候，我只有一个信念，那就是及时行动，坚持到底。成功者绝不放弃，放弃者绝不会成功！'我要坚持到底，因为我不是为了失败才来到这个世界的，更不相信'命中注定失败'这种丧气话，什么路都可以选择，但就是不能选择'放弃'这条路。我坚信自己是一头狮子，而不是头羔羊；在我的思想中从来没有'放弃''不可能''办不到''行不通''没希望'等字眼。坚持就有成功的可能。我知道每一次推销失败，都将会增加我下次成功的概率；每一次客户的拒绝，都能使我离'成交'更进一步；每一次对方皱眉的表情，都是他下次微笑的征兆；每一次的不顺利，都将会为明天的幸运带来希望。我要坚持到底，今天我不可以因昨天的成功而满足，因为这是失败的前兆，我要用信心迎向今日的太阳，只要我有一口气在，我就要坚持到底。因为我了解成功的秘诀就是'只要我及时行动，坚持到底、绝不放弃，我一定会成功'。及时行动！及时行动！！及时行动！！！我要一遍一遍地重复这句话，直到它成为习惯和行为本能。当我早上一睁开眼睛就要说这句话：及时行动！免得'再多睡一会儿嘛'占据我的脑海。当我出门推销时，我就立刻开口说这句话：及时行动！免得'客户会拒绝你'占据我的思想。当我站在客户的门口，就立刻开口说这句话：及时行动！免得'犹豫不安'占据我的斗志和信心。成功是不会等人的，就在此时此刻，及时行动，绝不放弃，全力以赴！

"我在27岁那年跨进了美国千万富翁的行列。目前，我拥有一个国际推销培训集团，每年还要出席全球75次研讨班，向全世界梦想获得巨大成功的人们传授销售知识，分享自己毕生的成功经验，如今全世界很多的销售培训课程都来源于我的销售培训系统。我曾连续8年得到全美房地产的销售冠军，开着劳斯莱斯或奔驰轿车环游世界，并传授无数业务员推销的方法。众所周知的华人推销大师陈安之就是在我过去35年里300万学生中最优秀的学生之一。我曾经负责过一次全球绝无仅有的、耗资最贵的推销计划，那就是1996年亚特兰大奥运会的全球推销计划，而且做得非常成功。在这里我绝没有骄傲和炫耀的意思，我把它讲出来的目的只是想用我的经历来鼓舞你、激励你。我生命中的一个目标，就是帮你赚更多的钱。请别让我失望——加强你的能力，增加你的收入，得到你生命里的所有美好。"

席第先生又代表另一种类型，他不满现状，但他一定要等到万事俱备以后才去做，结果……

第二次世界大战之后不久，席第先生进入美国邮政局的海关工作。他很喜欢他的工作，但五年之后，他对于工作上的种种限制、固定呆板的上下班时间、微薄的薪水以及靠年资升迁的呆板的人事制度（这使他升迁的机会很小）愈来愈不满。

他突然灵机一动。他已经学到许多贸易商所应具备的专业知识，这是他在海关工作耳濡目染的结果。为什么不早一点跳出来，自己做礼品玩具的生意呢？他认识许多贸易商，他们对这一行许多细节的了解不见得比他多。

自从他想创业以来，已过了十年，直到今天他依然规规矩矩在海关上班。

为什么呢？因为他每一次准备搏一搏时，总有一些意外事件使他停止。例如，资金不够、经济不景气、孩子的诞生、对海关工作的一时留恋、贸易条款的种种限制以及许许多多数不完的借口，这些都是他一直拖拖拉拉的理由。

其实是他自己使自己成为一个"被动的人"。他想等所有的条件都十全十美后再动手。由于实际情况与理想永远不能相符，所以只好一直拖下去了。

看来，埋怨除了说明你自己无能外，不能说明别的了。只有敢做才会成功。任何宝典，包括我们手中的羊皮卷，永远不可能创造财富。只有行动，才能使一切具有现实意义。行动像食物和水一样，能滋润我们，使我们成功。

第六章
加快速度，远离拖延症

我们可以选择完全的放下，或者完全的承担。唯独不能伪装一个懒怠的理所当然的姿势。你尽可拖延和故作不知，企图获得其他妥协。命运静静等待一侧，旁观你辗转煎熬，最终会逼迫你把脚步移向注定的第一格。

——安妮宝贝

很多人喜欢拖延，他们对手头的事情不是做不好，而是不去做，这是最大的恶习。

——比尔·盖茨

在你停住脚步的时候，日子还是会一天天过去，周遭依旧继续前进。不会因为你拖延答案，就为此等待。 只要迟了一次，大概，就追不上了……

——今井大辅《擅入寄居者》

加快速度才能抢占先机

信息时代，抓住机遇，获得成功更要讲究时间。时间就是生命，时间就是金钱，时间就是成功。

有时，同样一个机遇既可以属于你，也可以属于他，这就看谁捷足先登。

捷足先登，靠速度，所谓兵贵神速。《孙子·虚实篇》说："凡先处战地而待敌者逸，后处战地而趋战者劳。"这是说，凡先到达战地等待敌人的，就从容主动，反之，仓促应战的就疲劳被动。

一天黄昏，井植薰在马路上骑车，因为他的自行车车尾没有反光板而被警察严厉地教育了一番。回来的路上，井植薰不断地回想着警察的话："这是法律规定的，这是法律规定的……"

突然，一个想法出现在他的脑海中："真要是这样的话，那可就是一桩好买卖呀。全国大约有 1000 万辆自行车，每辆自行车都需要反光板，这个市场太大了。"

他想起在三洋的车间里，还堆放着大批的钢片边角料，以往这些材料都是当废品卖掉的，若是用它们来生产自行车车尾反光板的底板和边框，真是再合适不过了。这个想法一出现，他便立刻采取了行动。

第二天，他打电话到东京，询问红色玻璃的价格。粗略地估算了一下成本，大约每个反光板需要 18 元，而当时市面上出售的用黑铁皮做的反光板价格是 28 元，他完全具有占领市场的优势。

很快，三洋生产的钢框反光板面市了，并且很快超过了马莫尔和松下等老牌子，几乎独占了整个市场。三洋公司也从此逐渐发展壮大起来。

企业为了在竞争中取胜，都会研究新技术、开发新产品，而且这些研究和开发常常是并行的。竞争的现实反复表明，谁先研究成功，谁先运用于实际，谁先满足市场需要，谁就是该项技术和产品的"主人"；同类、同质、同价产品，谁先把它投进市场，谁就能控制市场的"制高点"，取得主动。时间上的抢先，等于先摘到了机遇的桃子，意味着对市场一定期间的"垄断"。

《孙子·势篇》说："激水之疾，至于漂石者，势也；鸷鸟之疾，至于毁折者，节也。是故善战者，其势险，其节短。势如强弩，节如发机。"

这段话是说，用兵应造成一种险峻的态势，这种态势如同湍急奔流的水，像速飞猛击的鹰，像张满的弓弩，其所发出的节奏，是短促的。有这样险疾的态势，"鹰隼一击，百鸟无以争其势；猛虎一奋，万兽无以争其威"。"水之漂石""鹰之一击"，牵涉"疾"与"节"这两个因素。

我们在捕捉机遇时，除了"疾"——快速以外，还要有节奏、节量。你看，鹰之擒鸟雀，必节量远近；虎之猎麂鹿，总是先踞后跃奋之。抓机遇，要善于权衡，力争不失时机，不耗"无用之饵"，张弛得体，该张时则张，该弛时则弛。时下至不可强生，事不究不可强威。"疾而有节"，就能把握机遇。有人把机遇比作搭车，这一班车来了，一定要抓紧时间，赶快挤上去。至于下一班车什么时候到，只有天晓得，也许永远搭不上了。

简言之，要快速，要有节，要有度，要机智，会应变。

做决策时要迅速

判断力对一个成功者来说太重要了，任何一个人做任何一件事情，他都需要对其进行评价然后判断其好坏与否，最后才能决定是否实施，而实施的结果则完全取决于其判断。

工作做不好的一大原因，就因为在零星细小的事务上多费了工夫。在小事上所浪费的时间，尽管不多，可是若再欠缺判断力，那就很可能引起严重的后果。

对琐碎的事情欠缺判断力的人，不论对什么事情，总是想得太过分。例如，怎么办才好？不办怎样？办了又怎样？等等，如临大敌。结果，时间虚掷，没有一样事能做得完美。

再者，为避免错误、失败，遇事无不斟酌再斟酌，考虑再考虑，以致坐失良机。这种事也是常有的。

这些人也许是要使事情办得完美无瑕吧，然而，往往是事与愿违。

他们恐怕也并非故意要将工作延缓，只是太过分认真了，以致无论对任何事情，都要绞尽脑汁地去思考，结果是徒劳无益，使工作停滞不前。因此，判断力的培养非常重要。

比如说，机敏的决断应当是一种补充，一般说来这种判断比费时良久的深思熟虑更趋正确，这是因为，所谓人的思考，时间越长，受到先入为主或隐而不显的偏见左右的机会就越多。思考时间长的人，大都是不能成大事的，这些人的决断易为偏见所左右。决定事情要迅速。越是快捷，越会得到好的结果。有时直觉是最宝贵的才能。而犹豫不决无异于裹足不前。

另外，迅速地作出决断，显然是抓住成功的机会的有效方法，这需求人们一定要大胆而果断地运用自己的判断力，不要害怕犯错误，实际上人们常常会遇到这样的情况，为求工作更完善，不免拘泥于琐碎的细节，担心犯错误，结果常常适得其反。

为了使决断敏捷，必须坚持某种原则或某种目标，这是十分重要的。

为了微不足道的小事，搞得头昏脑涨，反而把重大的事情给疏忽了。这是没有决断能力人的通病。

有决断力的人，坚持着问题的核心原则。抓住原则就会排除混乱，展现坦途。

为了人生零星琐碎的事情过分思虑是愚蠢的。一切事情越能干净利落地决定，越不会招来损失。

敏捷地作出决断，这是工作高效与克服拖延的秘诀。

夜长梦多，不可拖延

兵家常说："用兵之害，犹豫最大也。"实际上，犹豫不决，当断不断的祸害，不仅仅表现于战场上，在现代的商业战略上又何尝不是如此？

商战之中，机不可失，时不再来，如果犹豫不决，当断不断，那你在商场上只会一败涂地。因此，斩钉截铁、坚决果断，已成为当代企业家的成功经营秘诀之一。当然，这里说的当机立断，首先指的是认准行情、深思熟虑后的果敢行动，而不是心血来潮或凭意气用事的有勇无谋。

宋人张泳说："临事三难：能见，为一；见能行，为二；行必果决，为三。"当机立断的另一方面，并非仅仅指进攻和发展。有时，按兵不动或必要的撤退也是一种果敢的行为，该等待观望时就应按兵不动，该撤退时就应该撤退，这也是一种当机立断的行为。

最让人感慨的是"夜长梦多"这一俗语了。夜长梦多，指的是做某些事，如果历时太长，或拖得太久，就容易出问题。"夜长"了，"噩梦"就多，睡觉的人会受到意外的惊吓，反而降低了睡眠的效果。同理，做事犹犹豫豫，久不决断，也会错失良机，"失时非贤者也"。

《史记》中有"兵为凶器"的说法。意思是说，不在万不得已时，不得出兵；但是，一旦出兵就得速战速决。"劳师远征"或"长期用兵"，每每带来的都是失败。

中国人向来讲究不温不火、从容自若、慢条斯理的做事态度，大难临头，"刀架脖子上"也能泰然处之。能够做到这样，才算得上气宇大度的君子。然而，这并不是说中国人就喜欢做事拖拉，或不善于抓住战机。事实上，中国人在追求和谐、宁静、优雅的同时，无时不在潜心于捕捉机遇。

因此，做事应善于抓住机遇，快速决断，不要犹豫、踌躇。

别为拖延时间找借口

找到一个借口是最容易做到的事情，因为我们完全可以在不同的时间和地点，轻易找到很多的借口去自我安慰，掩饰自己的过错。工作和生活都是这样，有的人常常把"拖延时间"归咎于外界因素，总是要去找一些敷衍上司或他人的借口，其实这些人最终是在敷衍自己。拖延时间的是自己，由此而受害的必然也是自己。

我们无论是在工作中还是在生活中，遇到种种困难或不容易完成的事情时，我们就很习惯地替自己找各种各样的借口，拖拖拉拉。这种情况下工作要么是无法按时完成，或者根本就没有完成。工作就意味着责任，借口却让我们忘却了自己的责任，使我们在工作中不能全力以赴。久而久之就形成了习惯，一旦有了困难就替自己找借口。这样发展下去是非常可怕的。让我们重新审视自己，找正自己的位置，带着热情全身心地投入工作、学习中去，不找任何借口，去做一个最优秀的人。

给自己的时间做主就是不要拖延，我们的时间不能沦为任何人、任何事都可以随意占用的"公共资源"。拖延会让任何憧憬、理想和计划落空。过分的谨慎与缺乏自信都是工作中的大忌。立即执行，便会感到简单而快乐；拖延执行，便会感到艰辛而痛苦。

拖延的习惯会消灭人的创造力。如果想把工作做得非常好，就不要去拖延时间。避免拖延的唯一方法就是随时主动地工作。语言未必能够表明我们是个什么样的人，而只有行为才能够切实地反映出我们的本质。只要有决心，我们就可以实现自己的任何意愿。我们要相信自己并不脆弱，而且是非常坚强、非常有能力的。我们把事情推迟到未来去做，我们就是在逃避现实，甚至是在欺骗自己。拖延时间的心理，只会使我们在"现在"这个时段更加懦弱，并且耽于幻想。也就是说，我们总是希望情况会有所好转，但是到最后却无法成功。

拖延时间，意味着虚度光阴、无所事事，我们无所事事时会使我们感到厌倦无聊。那些取得过最佳成绩的人，他们都是没有时间议论别人的，也没有时间闲着，他们总是忙于自己的实际工作。如果利用"现在"做一些自己愿意做的事情，或者充分发挥自己的思维能力，我们就永远不会厌倦工作和生活。

千万不要为借口拖延时间，我们的工作第一步就是"开始"，即使心存恐惧也必须这样做。

凡事都留待以后处理的态度是一种不好的工作习惯。每当要付出劳动，或要做出抉择时，总会为自己找出一些借口来安慰自己。奇怪的是，这些经常喊累的拖延者，却可以在健身房、酒吧或购物中心流连数个小时毫无倦意。但是，看看他们上班的模样。你是否常听他们说："天啊！多么希望明天不用上班。"带着这样的念头从健身房、酒吧、购物中心回来，只会感觉工作压力越来越大。

时间飞逝，我们都应该想想自己的生命大约还剩下多少时间，立即拒绝拖延，提升工作效率，从而给自己腾出更多的私人空间，在这个竞争激烈、日新月异、千变万化的世界中享受工作，享受人生。

改正杂乱恶习，才能高效做事

永远要记住，杂乱无章是一种必须改正的坏习惯。有些人将"杂乱"作为一种行事方式，他们以为这是一种随意的个人风格。他们的办公桌上经常放着一大堆乱七八糟的文件。他们好像以为东西多了，那些最重要的事情总会自动"浮现"出来。

对某些人来说，他们的这个习惯已根深蒂固，如果我们非要这类人把办公桌整理得井然有序，他们很可能会觉得像穿上了一件"紧身衣"那样难受。不过，通常这些人能在东西放得这么杂乱的办公桌上把事情做好，很大程度上是得益于一个有条理的秘书或助手，弥补了他们这个杂乱无章的缺点。

但是，在多数情况下，杂乱无章只会给工作带来混乱和低效率。它会阻碍你把精神集中在某一单项工作上，因为当你正在做某项工作的时候，你的视线不由自主地会被其他事物吸引过去，导致工作被拖延，时间被无端消耗。

另外，办公桌上东西杂乱也会在你的潜意识里制造出一种紧张和挫折感，你会觉得一切都缺乏组织，会感到被压得透不过气来。

总之，那些容易把事情复杂化的无数勤奋人应该学会的一种能力是：清楚地洞察一件事情的要点在哪里，哪些是不必要的繁文缛节，然后用快刀斩乱麻的方式把它们简单化。这样不知要节省多少时间和精力，从而大大提高你的效率。

举例来说，如果你发觉你的办公桌上经常一片杂乱，你就要花时间整理一下。把所有文件堆成一堆，然后逐一检视（充分地利用你的纸篓），并且按照以下四个方面的程度将它们分类：即刻办理、次优先、待办、阅读材料。

把最优先的事项从原来的乱堆中找出来，并放在办公桌的中央，然后把其他文件放到你视线以外的地方——旁边的桌子上或抽屉里。把最优先的待办文件留在桌子上的目的是提醒你不要忽视它们。但是你要记住，你一次只能想一件事情，做一项工作。因此你要选出最重要的事情，并把所有精神集中在这件事上，直到它做好为止。

每天下班离开办公室之前，把办公桌完全清理好，或至少整理一下。而且每天按一定的标准进行整理；这样会使第二天有一个好的开始。

不要把一些小东西——全家福照片、纪念品、钟表、温度计，以及其他东西过多地放在办公桌上。它们既占据你的空间也分散你的注意力。

每个坐在办公桌前的人都需要用某种办法来及时提醒自己一天中要办的事项。电视演员在拍戏时，常常借助各种记忆法，使自己记得如何叙说台词和进行表演。你也可以试试。这时日历也许很有帮助，但是最好的办法可能是实行一种待办事项档案卡片（袋）制度，一个月每一天都有一个卡片（袋），再用些袋子记载以后月份待办事项（卡片）。要处理大量文件的办公室当然就需要设计出一种更严格的制度。

此外最好对时间进行统筹，比如，到办公室后，有一系列事务和工作需要做，可以给这些事务和工作安排好时间：收拾整理办公桌3分钟；听取秘书对一天工作的安排5分钟；对秘书指示关于某一报告的起草15分钟；等等。

通过这种方法，可以有效改正杂乱无章的坏习惯，有效利用时间，让自己的工作效率得到显著提高。

想到就做，绝不拖延

人们在日常生活中是否想到某件事就马上去做了呢？有许多应该做的事，不是没有想到，而是没有立刻去做。时间一过，就把它忘了。

有时是因为忙，有时是因为懒。想到某一件事该做，但当时没有时间，于是想，"等一下再说吧！"但等一下之后，为其他事务分神，就忘了，或者是时过境迁，失去当时的时机了。

如果想做事有效率，最好是"想到就做"，事情未能随到随做，随做随了，却都堆在心里，既不去做，又不能忘，实在比多做事情更加疲劳。

假如你有未完成的工作、未缝完的衣服、未写成的稿件等，希望你把它们找出来整理一下，安心把它们完成。设想完成之后，你会非常快乐。当它们未完成时不过是些废物，而当它们完成之后，它们却被做成漂亮的成品和可观的成绩，那种意料之外的成功，更令你惊奇。只要肯多付出一份心力和时间，就会发现，自己实在有许多未曾使用的潜在本领。有些人在面临一项新的工作时，会为它的繁重与困难而心情紧张、沉重、不安。祛除这种情绪的办法，只有立刻着手去做这件事，事实并不那么困难。

"想到就做"不是一件难事，它只需要果决和信心。但是，一件事情开始之后，是否能够有始有终，则要靠毅力与恒心，很多人往往凭一股冲力做了一阵，然后就渐渐觉得厌倦；再遭遇一点困难或外力的干扰，这时，不但兴趣消失，信心也没有了。很多工作多因此而中途停顿。而只是那些能克服这种障碍的才是成功的人。

开始一件工作，所需的是决心与热诚；完成一件工作，所需的是恒心与毅力。缺少热诚，工作无法发动。只有热诚而无恒心与毅力，工作是不能完成的。

敢想敢做就能成功。"想到就做！"希望那些还没有成功的世人不要把它仅仅停留在响亮的口号上，还要落实在行动上。想到就去做，只有这样才能真正战胜拖延症，管理好自己的时间。

成功在于快人一步

美国著名成功学大师皮鲁克斯有一句名言："先人一步者，总能获得主动，占领有利地位。"的确，机会很重要，你对机会的反应同样重要。当机会来临时，反应敏捷的人总能先人一步抓住机遇。因为机会不等人，稍纵即逝，再者机会对别人也是公平的，《幸运52》栏目的口号就是"谁都有机会"，那么最终谁能抓住机会呢？答案是：反应敏捷就会"捷足先登"。

时下经常讲要"抓住机遇"，但究竟怎样才能抓住机遇呢？被喻为"中国第一打工王""中国亿万富翁"的刘延林说："机遇，对每个人来说，应该是平等的，但为什么有人捕捉不到，有人捕捉得到？关键在于：你是不是积累了捕捉机遇的本领。就像你狩猎，等了很久，猎物来了，你却放空枪，只能眼睁睁看着猎物消失。捕捉猎物的本领，就是及时抓住机遇。同样发现了机遇，有的人能够牢牢抓住，有的人却眼睁睁地看着机遇溜走。"

生活中不少人发现了机遇，但是不能立即通过行动去抓住机遇，最终与没有发现机遇一样。

有很多成功的大企业家并没有学过经济学，肚子里也没什么"墨水"，他们成功的关键就在于行动快：一旦发现机遇，就能把机遇牢牢地"抓"在手中！《英国十大首富成功的秘诀》里分析当代英国首富的成功秘诀时指出："如果将他们的成功归结于深思熟虑的能力和高瞻远瞩的思想，那就失之片面了。他们真正的才能在于他们审时度势后付诸行动的速度。这才是他们最了不起的，这才是使他们出类拔萃，位居实业界最高、最难职位的原因。'现在就干，马上行动'是他们的口头禅。"

在追求财富的过程中，许多人总是会梦想一夜暴富。固然，一夜暴富的可能性不是绝对没有，如中大奖，但毕竟有此运气的人为少数中的少数，绝大多数人还得依靠汗水和心血逐渐积累财富。

既然一夜暴富是不现实的，我们唯有放弃幻想，尽早奋斗，才能尽早实现创富目标。在对两百位百万富翁调查中发现，他们的共同特点是很早就强迫自己将收入的1/3左右用于投资。越早开始行动，就能越早实现致富目标，从而使自己能越早享受致富的成果。而且越早开始投资，获得利润的时间越长，所需投入的金额就越少，赚钱就越轻松且愉快！

美国佛罗里达州的一名13岁学生查理斯，他曾经替人照看婴儿以赚取零用钱。他观察到家务繁重的婴儿母亲经常要紧急上街购买纸尿片，于是灵机一动，决定创办他的"打电话送尿片"公司，只收取20%的服务费，便会送上纸尿片、婴儿药物或小巧的玩具等东西。

他最初给附近的家庭服务，很快便受到他们的欢迎，于是印了一些广告四处分送。结果业务迅速发展，生意兴隆，而他又只能在课余用自行车送货，于是他用每小时5美元的薪金雇用了一些大学生帮助他。早行动的查理斯已拥有多家具有相当规模的公司。

和查理斯类似的还有戴尔。29岁的迈克尔·戴尔是美国第四大个人计算机生产商，也是《财富》杂志所列几百家大公司的首脑中最年轻的一个。他虽然年轻便成富豪，但他既没有巨额遗产，也没有中六合彩，而是很早就开始投资理财的结果。

十来岁的时候，迈克尔·戴尔就开始了创富生涯：在集邮杂志上刊登广告，出售邮票。后来，他用赚来的 2000 美元买了他的第一台个人电脑。

迈克尔读高中时，找到了一份为报纸征集新订户的工作。他推想新婚的人最有可能成为客户，于是雇请朋友为他抄录新近结婚的人的姓名和地址。他将这些资料存入电脑，然后向每一对新婚夫妻发出一封有私人签名的信，允诺免费赠送报纸两星期。这次他赚了 1.8 万美元，买了一辆德国宝马牌汽车。

18 岁那年，迈克尔·戴尔进了得克萨斯大学。像大多数大学生那样，他需要自己想办法赚零用钱。那时候，个人电脑成为人们关注的焦点，凡没有电脑的人都想买一台，但由于售价太高，许多人买不起。一般人想要的，是能满足他们的需要而又售价低廉的电脑，但市场上没有。

戴尔心想："经销商的经营成本并不高，为什么要让他们赚那么丰厚的利润？如果由制造商直接卖给用户那么不是便宜很多吗？"戴尔知道，万国商用机器公司规定，经销商每月必须提取一定数额的个人电脑，而多数经销商都无法把货全部卖掉。他也知道，如果存货积压太多，经销商会损失很大。于是，他按成本价购得经销商的存货，然后在自己宿舍加装配件，改进性能。

这些经过改良的电脑十分受欢迎。戴尔见到市场的需求巨大，于是在当地刊登广告，以零售价的八五折推出他那些改装过的电脑。不久，许多商业机构、医生诊所和律师事务所都成了他的顾客。

有一次戴尔放假回家时，他的父母表示担心他的学习成绩，希望他完成学业后再创业，而他觉得如果听父亲的话，就是在放弃一个一生难遇的机会。"我认为我绝不能错过这个机会。"

一个月后，他又开始销售电脑，每月赚 5 万多美元。戴尔坦白地告诉父母："我决定退学，自己开办公司。"他的目标是和万国商用机器公司竞争。他父母觉得他太好高骛远了。但无论他们怎样劝说，戴尔始终坚持自己的意见。终于，他们达成了协议：他可以在暑假试办一家电脑公司，如果办得不成功，到时就要回学校去读书。

戴尔拿出全部储蓄创办戴尔电脑公司，当时他 19 岁。他租了一个只有一间房的办事处，雇用了第一位雇员———名 28 岁的经理，负责处理财务和行政工作。戴尔仍然专门直销经他改装的万国商用机器公司个人电脑。

第一个月营业额便达到 18 万美元，第二个月达到 26.5 万美元，不到一年，便每月售出个人电脑 1000 台。积极推行直销、按客户要求装配电脑、提供退货退款以及对故障电脑"保证第二天登门修理"的服务举措，为戴尔公司赢得了广阔的市场。在迈克尔·戴尔本应大学毕业的时候，他的公司每年营业额已达 7000 万美元。戴尔停止出售改装电脑，转为自行设计、生产和销售自己的电脑。

现在，假如戴尔不从早创业，显然他是不可能成为当今世界最年轻的富豪的。

快速行动才能成功

有人说："凡事第一个去做的人是天才，第二个去做的人是庸才，第三个去做的人是蠢材。"但是，我们偏偏看到，有些懒人去争做庸才和蠢材。想成功必须出奇制胜，用自己独特的眼光去经营事业，并且看准的事一定要迅速行动，才是成功的最好方法。

日本索尼公司创始人井深大和盛田昭夫，一开始就立志于"率领时代新潮流"。一次偶然的机会，井深大在日本广播公司看见一台美国生产的录音机，他便抢先买下了专利权，很快生产出日本第一台录音机。1952 年，美国研制成功"晶体管"，井深大立即飞往美国进行考察，果断地买下这项专利，回国数周后便生产出公司第一支晶体管又成功地生产出世界上第一批"袖珍晶体管收音机"。索尼的新产品总是以迅雷不及掩耳之势独占市场制高点。

无论在什么时候都要有时间观念，决定做一件事情以后，行动要迅速，绝不能把今天的事留到明天去做。时间就是金钱，拖沓的作风是成功的天敌，行动不敏捷很难适应现代市场的竞争。

在今天这个信息高速发展的时代，企业必须在第一时间，用第一速度，对市场变化做出第一反应。因为有速度才能有生存权，没有速度的企业必然会被淘汰。要在竞争中处于优势的有利位置，还必须有"第一速度"，因为大家都在比速度，只能以市场的第一速度去满足消费者需求，才能开发消费者资源。产品策划要有第一速度、销售要有第一速度、服务要有第一速度，所有的环节都必须迅速在第一时间采取行动，要以"第一速度"满足消费者需求，这个速度使我们与消费者零距离，减少营运成本，创造更多的利润。

在 2002 年 9 月底，正在德国考察的天津市某技术改造办公室的工作人员，从一位德国朋友那里得知，有家"能达普"摩托车厂倒闭急于出卖。天津方面方立即向该厂表示：我们准备买下这个厂，但需回国研究后才能确定，一周之内，必有答复。但同时，印度、伊朗等几个国家的商人也准备购买该厂，所以必须尽快行动。

回国后，天津方面决定全部购买"能达普"厂的设备和技术，并立即通知德方。随即组成专家小组准备赴德进行全面技术考察，商谈购买事宜，就在这时，联系人从联邦德国发来急电：伊朗人抢先一步，已签署了购买"能达普"的合同，合同上规定付款期限为当年10月24日，如果24日下午3时，伊朗汇款不到，合同便失效。

事情有点突然，并且并没有预料到。所以天津市方面分析了整个情况后认为，国际贸易竞争中也存在偶然因素，虽然伊朗商人在签订合同方面抢先，但能否付款谁也不能决定。如果伊朗方面逾期付款，我方还有争取主动的机会。

10月22日上午10时，天津市做出决定，立即派团出国，从伊朗人手中抢回这条生产线。代表团用了11个小时办完了要办15天的出国手续，10月23日飞到了慕尼黑。他们立即与德方联系。

10月24日下午3时，当打听到伊朗方面款项方面还未到的消息时，中国代表成员立即奔赴"能达普"摩托车厂。

中国人的突然出现，令德方人员很吃惊。慕尼黑市债权委员会主管倒闭企业事务的米勒先生面带笑容地接待了中国代表团。他说："伊朗商人因来不及筹款已提出延期合同的要求。如果你们要购买，请现在就谈判签订合同。"

原来，债权委员会已规定，"能达普"的财产必须于10月30日前出售完毕，以保证债权人的利益。如果逾期，将被迫拍卖，就是把全部固定资产拆散零卖，不仅使厂方蒙受巨大的经济损失，而且使这个有 67 年历史的生产名牌产品的厂化为乌有。

意识到对方急于出卖的迫切心理，但又不能干闭着眼睛买外国设备的蠢事。经过几个回合的交涉，终于达成了中国专家先进行全面技术考察后再谈判协议。25 日早晨，中国专家来到"能达普"厂，对全厂的设备、机械性能、工艺流程进行全面考察，最终结论是：该厂设备先进，买下全部设备非常合算。

25 日下午 2 时整，合同谈判在中国专家驻地正式举行，经过紧张的讨价还价，在次日凌晨签订了合同。天津专家团以 1600 万沙东（合 500 多万美元）的价格，买下了"能达普"的 2229 台设备和全套技术软件。后来了解到，这个价格比伊朗所要支付的价格低 200 万沙东，比一些竞争对手准备支付的价格低 500 万沙东。

做事就是这样，如果你行动不够迅速，别人就会抢先一步。想把事情做好，就必须行动迅速，先下手为强，把办事的主动权先握在自己手里。

1875 年春的一天，美国实业家亚默尔像往常一样在办公室里看报纸，一条条的小标题从他的眼中溜过去，当他看到了一条几十个字的时讯："墨西哥可能出现猪瘟"时，他的眼睛突然发出光芒。

他立即想道：如果墨西哥出现猪瘟，就一定会从利福尼亚、得克萨斯州传入美国，一旦这两个州出现猪瘟，肉价就会飞快上涨，因为这两个州是美国肉食生产的主要基地。他的脑子正在运转，手已经抓起了桌子上的电话，问他的家庭医生是不是要去墨西哥旅行？家庭医生一时弄不清什么意思，满脑子的雾水，不知怎么样回答。

亚默尔约医生见了面，并说服他的家庭医生，请他马上去一趟墨西哥，证实一下那里是不是真的出现了猪瘟。

医生很快证实了墨西哥发生猪瘟的消息，亚默尔立即动用自己的全部资金大量收购佛罗里达州和得克萨斯州的肉牛和生猪，很快把这些东西运到了美国东部的几个州。

不出亚默尔预料，瘟疫很快蔓延到了美国西部的几个州，美国政府的有关部门下令一切食品都必须从东部的几个州运入西部，亚默尔的肉牛和生猪自然在运送之列，由于美国国内市场肉类产品奇缺，价格猛涨，亚默尔抓住这个时机发了一笔大财。在短短的几个月内，就足足赚了100万美元。

他之所以能够赚到这样一大笔钱，就是因为他比别人抢先一步，迅速行动，更好地把握住了商机。

成功者马上行动，绝不拖延。时间是宝贵的，21世纪打的是速度之战，如果你不抢在别人前面，别人就会把你甩在后面。

每一个成功者都是行动家，不是空想家；每一个赚钱的人都是实践派，而不是理论派。"我开始决定，我要养成迅速行动的好习惯。"这是成功人士每天都会告诉自己的。迅速行动是一种习惯，是一种做事的态度，也是每一个成功者共有的特质。

宇宙有惯性定律。什么事情你一旦拖延，你就总是会拖延，但你一旦开始行动，通常就会一直做到底。所以，行动就是成功的一半，第一步是最重要的一步，行动应该从第一秒开始，而不是第二秒。

只要从早上睁开眼睛那一刻开始，你就迅速行动起来，一直行动下去，对每一件事都要告诉自己立刻去做，你会发现，你整天都有充满着行动力的感觉，这样持续三个星期，你可能就养成了迅速行动的好习惯了。

所以，现在看到这里，请你不要再想了，再想也没有用，去做吧！任何事情想到就去做！现在就做！去行动！

拿一张纸写上"快速行动"，贴在你的书桌前、床头、镜子前，贴满你的房间，你一看到它就会有行动力的！现在就做！

为了养成你迅速行动的好习惯，请你大声地告诉自己："凡事我要快速行动，快速行动！"连续讲 10 次，立即行动！只有不断地行动，才能帮你成功。

第七章
保持专注，你才能不再拖延

要专注于某一项事业，就一定会作出使自己感到吃惊的成绩来。

——马克·吐温

专注、热爱、全心贯注于你所期望的事物上，必有收获。

——艾默生

我此刻正在做的事，就是我一生中最大的事，不管是在指挥交响乐团或剥橘子。

——托斯凯宁尼

专注目标让你避免拖延

目标是我们航行中的灯塔，是我们人生奋斗的方向。在任何一个领域中，取得不凡成就的人，他们的行为几乎都是指向了自己设定的目标。在目标的指引下，他们不退缩，不迷茫，勇敢地前进，直至到达自己的目的地。

美国成功学家拿破仑·希尔曾说："你过去或现在的情况并不重要，你将来想获得什么成就才最重要。除非你对未来有理想，否则难成大事。一旦有了目标，内心的力量才会找到方向。"

工作尤其如此。在工作中，如果一个人缺少目标和方向，那他做事肯定会三心二意，工作效率不高，到头来只会一事无成，而有了目标和方向，一个人就会紧盯目标，心无旁骛地去做事，最终全世界都会给他让路。

著名企业家杨元庆有这样一个习惯：他习惯把近期要实现的目标写在卡片上，然后放在上衣口袋里，然后每天按照卡片的记录去完成一些事情。

因此，公司的员工总会看到在杨元庆在口袋里装满了写上目标的卡片，当他每实现一个目标时，就取出那张卡片。日复一日，年复一年地坚持，杨元庆终于取得了很大的成功。

有很多人向杨元庆请教成功的秘诀，希望能够像杨元庆一样成为一个成功的企业家，但当人们听了杨元庆的方法时，大都不以为然。

只有杨元庆一位好朋友是在一家机械厂做销售的，和其他人不同的是，他非常相信杨元庆的秘诀。因此，杨元庆这位好朋友试着按照杨元庆的做法，在每个月前，将自己的销售目标写在卡片上放在口袋里，然后不管遇到什么困难都用最大的努力去实现口袋里的目标。

"你成功了吗？获得了什么样的结果呢？"一段时间之后，有人问杨元庆这位好朋友。

杨元庆这位好朋友回答说："你能相信吗？我现在的业绩比原来增加了一半。原来我只是想到什么做什么，并没有明确的目标，这使得我有时候很迷茫，如果我没有按照杨元庆教我的方法去做，我的业绩可能仍旧徘徊在公司所有员工的最底层。现在他的方法让我拥有了从来没有过的积极态度，我充满干劲，而且我的能力也提高了不少。总之，我现在的业绩仍在持续增长中。"

杨元庆和他那位好朋友的故事告诉我们：工作需要树立目标，有了目标后，就要去认定它、盯紧它，只有这样，我们才能用最短的时间高效完成任务，避免拖延，收获成功。

驰名中外的舞蹈艺术家陈爱莲在回忆自己的成才道路时，也告诉人们"聚焦目标"的重要性："因为热爱舞蹈，我就准备一辈子为它受苦。在我的生活中，几乎没有什么'八小时'以内或以外的区别，更没有假日或非假日的区别。筋骨肌肉之苦，精神疲劳之苦，都因为我热爱舞蹈事业而产生。但是我也是幸福的。我把自己全部精力的焦点都对准在舞蹈事业上，心甘情愿为它吃苦，从而使我的生活也更为充实、多彩，心情更加舒畅、豁达。"

其实，这种聚焦目标的行为都源自一个人对自己所做之事的专注，因为专注，他才不会见异思迁、三心二意、半途而废，他才能克服途中遇到的一切困难和阻碍，并摒弃内心深处的迷茫和沮丧，最终顺利到达成功的彼岸。

由此可见，我们要学会培养自己的专注心，紧盯目标，心无旁骛地去工作，只有这样，我们做事才更有效率，以免因三心二意而拖延工作。

做自己感兴趣的事才能更专注

相信很多人都有过这样的困扰，工作无法集中注意力，有的人是拖延症作祟，迟迟不能开始工作；而有的人则是在开始工作后，总想着这里看看，那里玩玩，到最后，时间过去了，什么事情都没有做成。

为什么会出现这种情况呢？其实，归根结底，还是因为我们无法在工作中感受到乐趣，所以丧失了工作的热情，只要一工作，就立马开小差、犯懒、拖拉。

举个简单的例子，一个人如果热爱玩游戏，那他就会想方设法创造机会打游戏，打多久都不会厌烦。这个例子就充分说明，如果我们喜欢做一件事，那就会对它特别专注，在做的过程中是完全体会不到时间的流逝的，有时甚至还会感觉时间不够用，恨不得一分钟掰作两分钟用；相反，如果我们对一件事充满了厌恶，那身处其中就会感觉度日如年，如坐针毡，恨不得立马腾云驾雾离去。

所以，我们每一个人都要学会在工作中寻找乐趣，只有这样，我们才能更加专注地对待工作，最后高效、高质量地完成自己的任务。

在这个世界上，很少有人能将自己的兴趣变成工作，任何一份工作做久了，我们都会感觉有些琐碎乏味。认清了这一点，我们就不会轻易对工作丧失信心，也不会得过且过，三心二意，随意敷衍工作，而是会想尽办法从工作中寻找乐趣，让自己对工作的热情之火继续燃烧下去。

有一个大学生，一直热爱画画，大学毕业后，他出国留学继续深造。可是，在国外的生活太拮据了，读书之余，他还要靠打工赚取生活费。后来有人介绍了一份工作给他，就是帮宾馆修剪草坪。这个工作和画画可是大相径庭，不仅需要好体力，而且剪草坪的剪子还会把手磨得粗糙不堪。

起初他很不情愿，因为他的梦想是当一名油画家而不是草坪工人，但现实不是由自己的意愿决定的，他只好一次次地到宾馆外面，对着草坪和灌木，不断地重复单调的工作。

在国外的三年时间里，他就这样一直靠帮宾馆修剪草坪谋生。渐渐地，他发现，修剪草坪也并非总是那么枯燥。比如说，有一天，他不小心铲坏了一块草坪，想了想，他就把这块草坪修成了一幅画的样子，竟得到了人们的极力赞赏，他的薪酬也因此增加了一倍。

慢慢地，他喜欢起修剪草坪这个工作了，后来，因为请他修剪草坪的宾馆太多，他不得不雇了另外一些人，再后来，他成立了自己的公司，这是一家专门帮人设计修剪草坪画的公司。他的公司生意越来越红火，财源滚滚而来。

乐趣果然是一个人保持专注的最佳法宝，我们越是不把工作当作一件苦差事，越是能从工作中找到乐趣，那就会像故事中的大学生一样，越是能将注意力集中在所做的工作上，最后用心把工作做好，赢得一个美好的未来。

所以，行走职场，面对日复一日、烦闷枯燥的工作，请不要害怕，也不要沮丧，多培养专注心，在工作中寻找乐趣，我们照样能出色地完成工作，进而加快职场晋升的步伐，迎来自己事业上的黄金期。

专注于工作，绝不忽悠自己

拖延的最大症状就是注意力涣散。工作中，有的人做了几分钟，便想拿出手机，刷刷微博，看看微信，一个小时下来，可能什么事情都干不成。所以，戒除拖延症之前，你必须学会保持自己的专注力，让自己更加专注地去工作。

网上曾有人如此吐槽工作："每天上班的心情跟上坟一样，最喜欢的日子是星期五，因为快要放假了，最讨厌的日子是星期一，因为又要上班了。"

众所周知，工作是我们每个成年人都不可避免的事情，我们不仅需要工作来维持生存，还需要通过工作来证明自己的价值。既然工作如此重要，为什么我们还会对其心生厌倦，唯恐避之而不及呢？

对于这个问题，很多人都不约而同给出了这样的答案："那还不是因为我们是在给别人打工，每天累死累活，最后坐享其成的又不是自己。"

事实真的是这样吗？我们工作难道真的只是为了老板？不，绝对不是这么一回事儿。

美国商界名人约翰·洛克菲勒说过："工作是一个施展个人才能的舞台。我们寒窗苦读得来的知识、应变力、决断力、适应能力以及协调能力都将在这样一个舞台上得到展示……"

由此可见，我们工作从来不是为了任何人，仅仅只是为了我们自己。

我们必须明白，企业是为了盈利而存在的，老板花钱请我们工作，我们不能只享受报酬而不付出劳动。既然工作是为了自己，我们就要对自己所在的岗位负责，唯有如此，我们才能让老板觉得他花的钱"物超所值"，我们才能成功保住自己的饭碗，我们才能取得事业上的成功。反之，如果我们对待工作不够认真、负责，总是"忽悠"工作，那工作就会反过来"忽悠"我们。

有这么一个有趣的故事。

有个老木匠准备退休，他告诉老板，说自己年纪大了，想要离开建筑行业，回家与妻子儿女享受天伦之乐。老板舍不得自己的好工人走，于是便问他能不能看在多年的交情上再帮忙盖"最后一栋房子"。

老木匠答应了，但随着时间的流逝，旁人很容易看出来，老木匠的心已经不在盖房子上面了：他用的是软料、次料，出的是粗活，所以手工非常粗糙，工艺做得更是马马虎虎。

最后，老木匠终于草草地完成了这"最后一栋房子"，很快，他就去请老板过来验收。没想到，老板直接把大门的钥匙递给他，拍着他的肩膀微笑着说："你自己进去验收吧！这是你的房子，我送给你的临别礼物。"

老木匠听了之后目瞪口呆，顿时羞愧得无地自容，可事到如今，房子已经建成了，返工重做已然不可能。如果他早知道这是在给自己建房子，他怎么会如此敷衍了事呢？他一定会选用最好的材料、用最高明的技术。然而，现在说什么都晚了，这一切都是他自作自受，他只能接受工作的"忽悠"和"惩罚"，住进这么一栋自己亲手打造的粗制滥造的房子里了。

这个有趣的故事真是发人深省，所有的职场人士都能从中吸取到一个教训，那就是忽悠工作等于忽悠自己。其实，我们工作就是在给自己建房子，这栋房子的主人不是别人，正是我们自己，我们才是唯一会住在里面的人。如果我们在工作中总是持有懒散、消极、抱怨、怀疑的态度，不追求精益求精，只会敷衍了事，那我们最后也会落得个和老木匠一样的下场。

总之，个人的利益和公司的利益是一致的，长远来看，个人和公司之间是唇亡齿寒的关系。我们不是为了公司或是老板工作，我们是为了自己，当所有员工都在努力工作，奋发向上时，公司才会不断向前发展，我们的能力和薪水也能因此而不断上一个新的台阶。另外，值得一提的是，很多成功人士都有这样一种心态，那就是"工作是为了自己"，在这种心态的引导下，他们在工作中披荆斩棘，勇往直前，从不推卸属于自己的责任，长此以往，他们逐渐收获了丰富的工作经验、解决问题的能力以及不同于常人的眼光和视角。

一家大型文化传播公司要裁员了，解雇名单上有丁柔和蒋梦，她们俩被人事主管通知两个月之后离职。算起来，这两人是公司的老员工了，丁柔在公司工作了5年，蒋梦则在公司工作了4年。得知这个消息后，她俩感到非常难过，可一时间又没有更好的解决办法。

丁柔回到家后，整晚都没有睡着，第二天一大早，怒气冲冲的她逢人就大吐苦水："我在公司工作那么多年，没有功劳也有苦劳呀，凭什么我就要摊上被裁员这件糟心事儿呢？真是太不公平了！"

听闻丁柔的遭遇，很多同事都非常同情她，出于好心，刚开始他们还会搜肠刮肚说几句安慰她的话。可哪知丁柔是个没完没了的主儿，一开抱怨的闸门就别想停了，在公司这最后两个月，周围的同事都被她挤对过，她似乎看谁都不顺眼。久而久之，同事们都很怕和她打交道，每次见到她都恨不得绕道而行。为此，丁柔更加气愤了，她心想，反正在这儿待不久了，工作做得再好也是无用功，还不如干脆破罐子破摔。结果，她再也不认真工作，工作自然一塌糊涂。

而蒋梦呢，虽然她也为自己即将被解雇的事儿难过了整整一晚上，但她对待工作的态度却和丁柔有着霄壤之别。在公司里，她从不向别人提及这件事儿，即便有同事问她，她都会笑着解释说只怪自己能力不足。离别在即，大伙儿见她心胸如此豁达，在工作上还是一如既往的认真负责，所以都特别愿意亲近她。

两个月后，丁柔收拾好自己的东西，头也不回地离开了公司，而蒋梦却被老板留了下来。面对她的疑惑和不解，老板笑着说道："我就是喜欢你这种从不忽悠工作的劲头，公司正需要像你这样的员工，你继续在这儿好好干！"

听了老板的话，蒋梦大喜过望，她愈加认定自己之前的想法是正确的。一分耕耘一分收获，不管遇到什么困难，都要沉下心来好好工作，只有不辜负工作，工作才会不辜负自己。

其实，在任何一家公司里，老板最不喜欢的通常都是那些不把工作放在心上的人，这种人完全不能指望他会把工作做好，为公司创造出应有的效益，因为他对工作缺乏必要的责任感，对自己更是极端的不负责任。要知道，一个对自己负责的人，绝对不会想到在工作中浑水摸鱼，因为他们深知，唯有努力工作才能在职场平步青云，才能不断地打磨自己，提升自己的工作能力。

天上从不会白白地掉下馅饼，奢望不劳而获纯属白日做梦，忽悠工作的人到最后往往会被工作忽悠，所以，身为员工的我们，不妨在心中种下责任的种子，让责任感成为鞭策、激励、监督自己的力量，最终促使我们将工作做到位。

责任感让你更专注

人们常说，一个人做一件好事并不难，难的是一辈子做好事。其实，工作也是这个理儿，我们都有对工作负责的时候，但是很少有人能做到每时每刻都对工作负责。相信很多人都有过这样的经历，领导在的时候，我们挺起腰杆，专心致志地工作，领导不在的时候，我们驼背弯腰，心神涣散地工作。归根结底，我们之所以会有这两种截然不同的工作状态，完全是因为我们对自己的岗位还不够负责，也就是说，我们根本无法做到在岗1分钟，尽责60秒。

很显然，一个人如果做不到随时对自己的岗位负责，那他肯定没有办法保证在工作中不出现一丝差错，最后自然也就无法向领导上交一份完美的答卷。从短期来看，他的失职会给公司带来或大或小的损失，而从长远来看，他的失职则很有可能让他丢掉自己赖以为生存的饭碗，并最终与事业上的成功擦肩而过。

我们来看这样一个故事：

有3个人到一家建筑公司应聘，经过一轮又一轮的考试，最后他们从众多的求职者当中脱颖而出。公司的人力资源部经理对他们说了一句"恭喜你们"，然后就将他们带到了一处工地。

工地上有三堆散落的红砖，乱七八糟地摆放着。人力资源部经理告诉他们，每人负责一堆，将红砖整齐地码成一个方垛，说完他就在3个人疑惑的目光中离开了工地。这个时候，甲对乙说："我们不是已经被录用了吗？为什么将我们带到这里？"乙对丙说："我可不是应聘这样的职位，经理是不是搞错了？"丙说："不要问为什么了，既然让我们做，我们就做吧。"然后带头干起来。

甲和乙同时看了看丙，只好跟着干了起来。还没完成一半，甲和乙明显放慢了速度，甲说："经理已经离开了，我们歇会儿吧。"乙跟着停下来，丙却一直保持着跟之前一样的工作节奏。

人力资源部经理回来的时候，丙只剩十几块砖就全部码齐了，而甲和乙只完成了1/3的工作量。经理对他们说："下班时间到了，你们先歇会儿吧，下午接着干。"甲和乙如释重负地扔掉了手中的砖，而丙却坚持将最后的十几块砖码齐。

回到公司，人力资源部经理郑重地对他们说："这次公司只聘用一位设计师，获得这一职位的是丙。至于甲和乙，你们回去不妨想一下这次落聘的原因。"

不难发现，甲和乙之所以会落聘，是因为他们缺乏对工作的责任感，在接到上级交代给他们的任务后，一开始他们就心存抱怨和疑虑，不愿意立即投入工作中，紧接着等经理离开后，他们又开始藏奸耍滑，消极怠工。而丙却自始至终表现出了强烈的责任感，在整个过程中，他一直心无旁骛地工作，可以说是尽职尽责，没有丝毫的懈怠。毫无疑问，丙表现出来的正是一种"在岗1分钟，尽责60秒"地对工作高度负责的精神，这样的员工当然是每家公司都渴望得到的。

像丙这样对工作高度负责的员工，根本用不着领导时刻在场监督、叮嘱和安排，他们自会在每一个工作环节中力求完美，按质按量地完成计划或任务。

微软董事长比尔·盖茨曾对他的员工说："人可以不伟大，但不可以没有责任心。"所以，微软一直都非常重视对员工责任感的培养，责任感也因此成为微软招聘员工的最重要的标准之一。而正是基于这种做法，比尔·盖茨才一手打造出了现如今声名显赫、富可敌国的微软商业帝国。

总之，一个人若想将自己的本职工作做到位，首先就必须学会任何时候都要对自己的岗位负责。不管做什么事情，只要我们还在这个岗位上，哪怕是最后一秒钟，我们都要竭尽全力，对工作负责到底。

有一天，一群男孩在公园里做游戏。在这个游戏中，有人扮演将军，有人扮演上校，也有人扮演普通的士兵。有个"倒霉"的小男孩抽到了士兵的角色，他要接受所有长官的命令，而且要按照命令丝毫不差地完成任务。

"现在，我命令你去那个堡垒旁边站岗，没有我的命令不准离开。"扮演上校的亚历山大指着公园里的垃圾房神气地对小男孩说道。"是的，长官。"小男孩快速、清脆地答道。接着，"长官"们离开现场，小男孩来到了垃圾房旁边，开始立正，站岗。时间一分一秒地过去了，小男孩的双腿开始发酸，双手开始无力，天色也渐渐暗下来，却还不见"长官"们来解除任务。

此时，一个路人经过，说公园里已经没有人了，劝小男孩回家。可是倔强的小男孩不肯答应。"不行，这是我的任务，我不能离开。"小男孩坚定地回答道。"那好吧。"路人拿这位倔强的小家伙没有办法，"希望明天早上到公园散步的时候，还能见到你，到时我一定跟你说声'早上好'。"他开玩笑地说道。

听完这句话，小男孩开始觉得事情有些不对劲，他心想，也许小伙伴们真的回家了。于是，他向路人求助道："其实，我很想知道我的长官现在在哪里？你能不能帮我找到他们，让他们来给我解除任务。"路人答应了。过了一会儿，他带来了一个不太好的消息：公园里没有一个小孩子。更糟糕的是，再过 10 分钟这里就要关门了。小男孩开始着急了，他很想离开，但是没有得到离开的准许。难道他要在公园里一直待到天亮吗？

正在这时，一位军官走了过来，他了解完情况后，立马脱去身上的大衣，亮出自己的军装和军衔。接着，他以上校的身份郑重地向小男孩下命令，让其结束任务，离开岗位。这位军官回到家后，他告诉自己的夫人："这个孩子长大以后一定是一名出色的军人。他对工作岗位的责任意识让我震惊。"

军官的话一点也没错。多年以后，小男孩果然成了一位赫赫有名的军队领袖，他就是美国著名军事家、陆军五星上将——奥马尔·纳尔逊·布莱德雷。

坚守岗位，完成任务，这就是我们所说的岗位责任。这种每时每刻都对岗位负责的精神，可以决定我们日后事业上的成功与失败。只有拿出像故事中布莱德雷将军那样对所在岗位尽职尽责的态度，我们才能激发自己全部的潜能，向工作发起强有力的进攻，直至顺利圆满地完成手头上的任务。

在岗 1 分钟，尽责 60 秒，这话说起来简单，做起来却无比艰难，但越是艰难，我们也越是能洞见责任之于工作的重要性。要知道，没有责任感的军官不是合格的军官，没有责任感的员工不是优秀的员工，责任意识会让我们在岗位上表现得更加卓越。所以，面对工作，我们务必时刻保持着高度的责任感，最后带着火焰般的热情将自己的工作做到位。

别让完美主义成为拖延症的温床

Facebook 首席运营官谢丽尔·桑德伯格曾在她所著的《向前一步》一书中写道："现实是有局限性的，你不可能做到一切。完成，胜过完美。"日本企业家稻盛和夫也告诫每一位职场人士："莫让完美主义成为影响效率的敌人。"

很多人也许会有些疑惑，在工作中追求"完美"难道还有错吗？追求完美当然不是错，但如果完美主义阻碍我们去做事，那就大大有问题了。

在职场上，有些人自视甚高，觉得自己能力非凡，总给自己制定一个很大的目标，然而，这个目标是不切实际的，也是他们潜意识中无法接受的，所以他们会迟迟不肯投入工作中去，根本做不到专心致志地去做事；还有的人则是对自己要求太苛刻，太过注重细枝末节，总想着把一件事完成得多漂亮，筹谋太多，行动太晚，经常到了最后时刻才匆匆忙忙去做事，结果可想而知。

小晨是一个专栏写作者，每次她在写文章的时候，都会在心里告诉自己，今天要完成至少两篇高质量的专栏。可当她真的坐到电脑面前，打开 Word 文档时却发现，自己很难专注在写稿上，写了不到两行字，她就开始走神了，要么浏览网页新闻，逛逛淘宝店，要么抱着手机躺在床上看电视剧。

可她真的能尽兴地去做这些看似很休闲的事情吗？不能，她的眼睛虽然盯着新闻、淘宝店以及电视剧，她的心却始终胶着在未完成的工作上。

然而，尽管玩也玩得不开心，根本起不到放松的作用，她还是不愿意专注地去写文章，她总是安慰自己，先玩会儿吧，等状态好了再去写，可无论她给自己找多少借口，在完成任务之前，她还是感到非常焦虑。

等到一天快要过去，她实在拖延不下去了，只能强迫自己坐在电脑面前，就这样，为了完成这两篇稿子，她每天都要熬夜到凌晨，稿子的质量也并不如自己想象中的那般完美。这种事情发生的次数多了，她对写稿很快就产生了强烈的畏难情绪，越是畏难，就越是拖延，而越是拖延，就越是焦虑、痛苦。

后来，在一位朋友的提醒下，小晨才知道，自己之所以无法专注地去工作，无法把工作做好，是因为她的性格太苛求完美了。

明白了这点后，小晨就再也不给自己设定太过严苛的目标了，没有了这种压力后，她写稿变得越来越专注，以前达不成的目标，现在反而能达成了。

我们之前提到过"要么不做，要做就要做得最好"的工作理念，旨在让所有人用心对待工作，不要敷衍了事，它跟"防止完美主义成为效率的大敌"并不矛盾。要知道，在职场上，很多人的完美主义都是一种妄想中的完美，完全不切实际，如果长期坚持这种错误的完美主义，只会让他们像故事中的小晨一样，无法集中注意力去工作，到最后，时间浪费了，工作还是做不好。

心理学家戴维·伯恩斯说过："那些获得较高成就的人往往不是倔强的完美主义者。那些冠军运动员、获得非凡成功的生意人以及诺贝尔奖科学家，他们都知道自己有的时候会犯错误，有的时候会度过难挨的一天，还有的时候会由于表现不佳而遭受短暂的挫折。虽然他们在为一些远大的目标而奋斗，但是他们也能够容忍有时不能达成这些目标时的挫折和失望。他们知道自己能够继续努力、改善工作。"

是的，一个人只有知道自己的局限，才会原谅自己的局限，包容自己的局限，才会根据自己的局限设定合理的目标，最后向着自己的目标不断奋斗，前进。

举个简单的例子，我们若想减肥，就不要奢望自己能在短短的一周内改善自己的体型，而是要根据自己的实际情况设定计划，多给自己一点时间，然后带着放松的心情去执行计划，最后达到自己的目标。

工作也是如此。身为员工，我们要想高效、高质量地完成工作，就要摒弃错误的完美主义心态，只有这样我们才能专注于工作，取得优异的成绩，收获成功。

休息好有助提高专注力

一位女士因为特别喜欢一双鞋，便天天穿，于是不到半年，鞋子就磨坏了。她拿去修补时，鞋匠看了看皮鞋说："这鞋子确实不错！但由于你天天穿，它的皮革和材质没有得到适当的休息，就会使鞋子折寿。以后你要买鞋子，最好同时买两双，然后两双鞋子交替地穿，若每双鞋子隔一天才穿，那么每双鞋子至少可穿上两年。"

修鞋匠一边修，一边与女士聊天，他说："我过去在农村种田，当过农民种过田的人都知道，不能在同一块土地上，年复一年种植同样的农作物。如果今年种玉米，明年就改种豆类，因为玉米会从土壤里汲取某种养分，必须靠种豆类把养分带回来或者让它们汲取另外的养分，若是养分完全恢复过来，下次再种植的时候,必然会有很好的收成。"

鞋子需要休息才能延长寿命,土地需要休养才能变得肥沃,而人需要休息才能更专注于工作。

相信很多人都听过一句话——体力是努力的上限,这句话很清楚地道出了体力跟事业的关系。在职场上,人们的每一种能力、每一种精神的充分发挥以及整个工作效率的增加,都要赖于健全的机能和强壮的体力。

美国陆军曾经做过好几次实验证明,即使是年轻人,经过多种军事训练强壮的年轻人,他如果不带背包,每小时休息十分钟,那他们的行军速度就会增加一倍。

约翰·洛克菲勒保持着两项惊人的纪录,他赚了世界上数量最多的钱财,而且还活到了98岁。原因在于他的两点秘诀。

他这两点秘诀是什么呢?

很简单,一个是遗传,他们家中世代长寿;另一个原因就是他每天中午都要在办公室里睡上半小时的午觉,他就躺在办公室的大沙发上,这时不论是什么重要人物打来的电话,他都不接。

第二次世界大战期间,丘吉尔执政英国的时候已经六七十岁了,但却能每天工作16小时,坚持数年指挥英国作战。他的秘密又在哪里呢?

他每天早晨在床上工作到11点,看报告、发布命令、打电话,甚至在床上举行重要会议,吃过午饭后,再上床午睡1小时。而在8点钟的晚饭前,还要上床去睡上两小时,他根本就不需要去消除疲劳,因为毫无疲劳可言。正是由于这种间断性的经常休息,他才有足够的精神一直工作到深夜。

可以看到,在繁忙的工作之余,一个人如果能劳逸结合,适当地休息，那事后将精神抖擞，提高注意力，心无旁骛地继续将事情做好。

没错，休息就是为了更好地工作，在我们身边，很多人之所以工作效率低下，一事无成，就是因为他们不懂得休息，总是透支自己的精力，导致自己疲劳萎靡、活力低微、神经衰弱、注意力涣散，无法在工作中发挥自己全部的力量。

有这样一个故事。

有三条毛毛虫经过长途跋涉，最后来到目的地的对岸。

当它们爬上河堤，准备过河到开满鲜花的对面去的时候，一条毛毛虫说，我们必须先找桥，然后从桥上爬过去。另一条说，我们还是造一条船，从水上漂过去。最后那条说，我们走了那么远的路，已经疲惫不堪了，应该停下来先休息两天。

听了这话，另外两条毛毛虫感到很诧异：休息，简直是天大的笑话！没看到对岸花丛中的蜜快被喝光了吗？我们一路风风火火，马不停蹄，难道是来这儿睡觉的？

话未说完，一条毛毛虫已开始爬树，准备摘一片树叶做船。另一条则爬上河堤的一条小路去寻找一座过河的桥，而剩下的一条则爬上最高的一棵树，找了片叶子躺下来美美地睡着了。

一觉醒来，睡觉的毛毛虫发现自己变成了一只美丽的蝴蝶，翅膀扇动了几下就轻松过河了。此时，一起来的两个伙伴，一条累死在路上，另一条则被河水送进了大海。

随着疲劳的增加，人的注意力就会越来越不集中，工作效率也会相应地降低，这个时候，如果我们勉强自己继续前行，就只会落得跟故事中的那两条马不停蹄执意过河的毛毛虫一样的悲惨结局。

众所周知，聪明的将军，绝不会在军士疲乏、士气不振时，率领他们去攻打敌人,他一定会秣马厉兵,充足给养,然后才肯率军前去应战。所以,我们一定要学会休息,休息好才能专心工作,才能高效完成任务。

第三届电信行业高峰会议正在加州的一处度假村举行。每到会议休息时间,一些公司的老总便回到自己的房间,不是和助手商议方案,就是研究其他公司的资料,忙得团团转。

然而,令所有人惊奇的是,一到会议休息时间,环球电信公司的老总亨得利总是独自一个人迈出会议室,沿着度假村的忘忧湖散步,或是到花园中欣赏奇花异草。

刚开始,有的老总还以为亨得利不重视这次峰会,或是贪恋山水美景,而忘了自己公司发展的大事。可出人意料的是,每次会议上发言时,亨得利却当仁不让,他思路敏捷,精力旺盛,侃侃而谈,一直是整个峰会的焦点人物。

会议结束时,有位老总好奇地问他:"平时总见你漫不经心、游手好闲似的,可一到会议时,你就精神百倍,咄咄逼人,你是不是吃了什么灵丹妙药?"

"是的,我的确是吃了灵丹妙药,但我吃的灵丹妙药就是忙中偷闲,去散步,去赏花,在这段时间里我的大脑得到了很好的休息,因此,这会议我是越开越精神呀!"

亨得利说得很对,忙中偷闲确实能让人更有精神,所以,会休息是一种能力,它是一个人自身实力的一部分,同时也是慰藉心灵、排遣压力,让人迅速回血的最佳法宝。不知道大家有没有发现,将"忙"字拆开了,就是"心亡",由此可见,忙碌而不休息,除了伤害身体外,没有任何益处。

常言道,磨刀不误砍柴工,对于我们每一个人来说,防止疲劳、减轻压力的办法就是高质量的休息，只有休息好，我们工作起来才会更加专注，我们做事的效率才会逐步提高，我们做事的成果才会更加优质，我们的职场前途才会更加光明。

集中精力是最省时的做事方法

许多人每天都在做着与他的兴趣不符的工作，他们总是自叹命苦，专等机会到来时再去做称心满意的工作。殊不知光阴似箭，时间永远是一去不返的，如果你不早些回头，今天暂且马虎过了，明天又再等一会儿，等到把大好的青春时光糊里糊涂地混掉之后，再想回头重新学习新的技能时，已经来不及了。这样的惰性和慢性自杀又有什么区别呢？

一般青年大多不注重事业成功的要素，他们常把事情看得过分简单，不肯集中自己所有的精力去努力，须知经验好比一个雪球，在人生的路上，它永远是愈滚愈大的。任何人都应该把精力集中在某一种事业上，不断工作、不断学习。你所花费的功夫愈大，所学得的经验也愈多，做起事来也就愈觉得容易。

"光阴一去不复返"，当你开始走入社会工作时，一定是满腔热情、浑身是劲。你应该把这些精力全部放在事业上，无论你从事什么样的工作，都要用心努力地去经营，当你发现它们所带给你的成果时，你一定会惊讶不已。

歌德说："你适合站在哪里，你就应该站到哪里。"这正是给那些三心二意的人的最好忠告。不论任何人，假使不趁年轻力壮的黄金时代训练自己，使自己养成集中精力做事的好习惯，那他以后一定就不能成就什么事业。世上最大的损失，莫过于把一个人的精力毫无意义地分散到很多没有意义的事情上。一个人的能力和精力毕竟有限，要想样样精通，是很难办到的，如果你想成就任何事业，就请一定牢记这条定律。

大多数人，假使一开始就能将自己的精力善加利用，不让它分散到一些毫无用处的事情上去，他就有成功的希望，可是偏偏有许多人今天东学一点、明天西碰一下，他们看起来整日忙碌，但最终白忙了一生，什么事也没有做成。

聪明的人都知道，一个人必须倾注所有精力于一件事上，才能达到目标；聪明的人也知道，要善用自己不屈不挠的精神、百折不回的意志及持续不断的恒心，这样才能在生存竞争中取得胜利。

一个有经验的园艺家，有时会把许多能够开花结果的枝条剪去，这在一般人看来一定觉得可惜，可是他为了使树木迅速生长，果实结得特别饱满，就非得忍痛将这些多余的枝条剪掉。否则，他将来收获时的损失，一定会远远超过剪掉的这些枝条的无数倍。

那些有经验的花匠，为什么一定要把许多快要开放的花蕾剪去呢？它们不是一样可以开出美丽的花朵吗？他们剪去的绝大部分，可以使所有的养料都集中在剩下的花蕾上，当这些花蕾开放后，便会成为稀有、珍贵而硕大的奇葩。

正如培植花木一般，那些青年人与其把所有精力分散到许多无关紧要的事情上，不如看准一件最重要的事业，然后集中精力，埋头去干，这样一定可以收到良好的效果。

第八章

管理时间，彻底战胜拖延症

生命是以时间为单位的，浪费别人的时间等于谋财害命；浪费自己的时间，等于慢性自杀。

——鲁迅

记住吧：只有一个时间是重要的，那就是现在！它所以重要，就是因为它是我们有所作为的时间。

——托尔斯泰

在今天和明天之间，有一段很长的时间；趁你还有精神的时候，学习迅速办事。

——歌德

科学管理时间是成功的关键

一个人要取得成功，科学地进行时间管理是特别重要的因素，如果我们想要成功，就必须管理好自己的时间。

要把时间管理好，最重要的就是做好以结果为导向的目标管理。

你现在对于时间的心理概念是怎样的，你要有把事情做好、时间管理好的强烈欲望；并决定达成做好时间管理的目标；时间管理是一种技巧，观念与行为有一段差距，必须经常地去演练，才能养成良好的习惯；不断坚持直到运用自如。

只有把时间管理好，才能够达到自我理想，建立自我形象，进一步提升自我价值。每个人若能每天节省 2 小时，一周就至少能节省 10 小时，一年节省 500 小时，则生产力就能提高 25% 以上。每一个人皆拥有一天 24 小时，而成功的人单位时间的生产力则明显地较一般人高。

你要明确，要成就一件事情，一定要以目标为导向，才会把事情做好，把握现在，专注在今天，每一分每一秒都要好好把握。想要成为一个工作高手，有两个关键，第一就是工作表现，要有能力去完成工作，而非只强调其努力与否而已；第二是重视结果，凡事一定要以结果为导向，做出成果来。时间管理好，能让人更满足、更快乐、赚取更多的财富、自我价值亦更高。

现在来看一下你的时间是如何使用的。

记录自己的时间目的在于知道自己的时间是如何耗用的。为此，要记录时间的耗用情况。用精力最好的时间干最重要的事。精力最好的时间，因人而异。每个人都应该掌握自己的生活规律，把自己精力最充沛的时间集中起来，专心去处理最费精力、最重要的工作，否则，常常把最有效的时间切割成无用的或者低效率的零碎时间。

试着找到无效的时间，首先应该确定哪些事根本不必做，哪些事做了也是白费工夫。凡发现这类事情，应立即停止这项工作，或者明确应该由别人干的工作，包括不必由你干，或别人干比你更合适的，则交给别人去干。其次还要检查自己是否有浪费别人时间的行为，如有，也应立即停止。消除浪费的时间，因为时间毕竟是个常数，人的精力总是有限的。

分析一下自己的时间都用到哪里去了，是时间管理的第一步。惠普公司总裁柏拉特把自己的时间规划得很好。他花20%的时间和客户沟通，35%的时间在会议，10%的时间在电话上，5%的时间看公文。剩下来的时间，他花在一些和公司无直接关系，但间接对公司有利的活动上，例如业界共同开发技术的专案、总统召集的关于贸易协商的咨询委员会。当然，每天也留一些空当时间来处理偶然发生的情况，如接受新闻界的访问等。这是他与他的时间管理顾问仔细研究讨论后得出的最佳安排。

对照一下你是否有时间管理不良的征兆？看看你是否有以下这些问题。

• 你是否同时进行着许多个工作方案，但似乎无法全部完成？

· 你是否因顾虑其他的事而无法集中心力来做目前该做的事？

· 如果工作被中断你会特别震怒？

· 你是否每夜回家的时候累得精疲力竭却又觉得好像没做完什么事？

· 你是否觉得老是没有什么时间做运动或休闲，甚至只是随便玩玩也没空？

对这些问题，只要有两个回答是"是"的话，那你的时间管理就出了问题。

有效的个人时间管理必须对生活的目标加以确立。先去"面对"并"发现"自己生活的目标在何处，问问自己："为什么而忙？""到底想要实现什么？完成什么？"问自己这些问题也不是挺舒服的事，但对自己的生活颇有启发作用。接下来应要求自己"凡事务必求其完成"，未完成的工作，第二天又回到你的桌上，要你去修改、增订，因此工作就得再做一次。

你是否了解下面一些时间管理的原则呢？

· 设定工作及生活目标，排好优先次序并照此执行。

· 每天把要做的事列出一张清单。

· 停下来想一下现在做什么事最能有效地利用时间，然后立即去做。

· 不做无意义的事。

· 做事力求完成。

· 立即行动，不可等待、拖延。

制定合理的目标，并科学地管理完成目标的时间，成功就是你的了。

最重要的事情最先做

我们都知道，每个人的一天都有无数的事情需要去处理，在这种情况下，我们若想提高自己的做事效率，就必须学会管理时间，绝不能眉毛胡子一把抓，东一榔头西一棒子，也不能光做不要紧的小事，最后却把重要的大事给耽误了。

一天，一位时间管理专家为一群商学院的学生讲课。他现场做了演示，给学生们留下了一生都难以磨灭的印象。

站在那些高智商高学历的学生前面，他说："我们来做个小测验。"说完，他拿出一个一加仑的广口瓶放在他面前的桌上。

随后，他取出一堆拳头大小的石块，仔细地一块一块放进玻璃瓶。直到石块高出瓶口，再也放不下了，他问道："瓶子满了吗？"所有学生答道："满了！"

时间管理专家反问："真的？"他伸手从桌下拿出一桶砾石，倒了一些进去，并敲击玻璃瓶壁使砾石填满下面石块的间隙。

"现在瓶子满了吗？"他第二次问道。但这一次学生有些明白了。

"可能还没有。"一位学生回答道。

"很好！"专家说。他伸手从桌下拿出一桶沙子，开始慢慢倒进玻璃瓶。沙子填满了石块和砾石的所有间隙。

他又一次问学生："瓶子满了吗？"

"没满！"学生们大声说。

他再一次说："很好！"然后，他拿过一壶水倒进玻璃瓶直到水面与瓶口齐平，抬头看着学生，问道："这个例子说明什么？"

一个心急的学生举手发言："无论你的时间表多么紧凑，如果你确实努力，你可以做更多的事情！"

"不！"时间管理专家说，"那不是它真正的意思，这个例子告诉我们：如果你不是先放大石块，那你就再也不能把它放进瓶子了。那么，什么是你生命中的大石块呢？与你爱的人共度时光，你的信仰、教育、梦想。记住，先去处理这些大石块，否则，一辈子你都不能做了！"

在工作中，我们所要做的事情大致可以分为四类；第一类是既重要又紧急的事情，如马上要解决的紧急问题；第二类是重要但不紧急的事情，如一些计划与规划；第三类是紧急但不重要的事情，如某些一定要开但没有什么意义的会议；第四类是既不重要也不紧急的事情，如一些不必要的杂事。

很显然，第一类事情是我们要优先处理的，它就是我们生命中的大石块，我们必须带着专注心去完成它，如此才不会浪费宝贵的时间，才能将它做好。

美国作家史蒂芬·金在《写作这回事：创作生涯回忆录》一书中，曾这样形容自己的工作："我的日程安排得很清晰——上午用来处理新事务，如撰写文章；下午用来打盹儿和写信；晚上用来读书、和家人在一起、玩游戏、做些工作上紧急的修改。基本上，上午是我最重要的写作时间。"

不难发现，对史蒂芬·金来说，写作是他生命中最重要的事情，因此，他把它排在第一位，正如美国学者亚历山大·格雷厄姆·贝尔所说："你应把注意力集中在手头的工作上。阳光只有汇聚到一点，才能燃起火焰。"为了完成自己的写作计划，史蒂芬·金确实付出了足够的精力和时间。

当然，史蒂芬·金对待写作这一事业的专心致志也给他带来了丰厚的回报，现在的他已经是全球知名的作家、电影导演和制片人，他的小说《肖申克的救赎》被改编成电影后，一直备受观众的欢迎和喜爱。

综上所述，我们若想在职场上出人头地，实现自己的个人价值，就要带着专注心去工作，牢记要事优先的原则，将注意力集中在最重要的事情上，一直保持心无旁骛的工作状态，认真、用心地将工作做到完美。

让一天有 25 个小时

一天有 25 个小时这并不是荒诞的说法。只要按照下面所说的去做，相信你也会认同的。

第一，善于运用时间。什么时候做重要的事情最合适？生理学家克莱特曼医生的研究显示，人的正常体温在一天之中的变化可相差达 1.65℃之多。体温变化的模式会影响你的工作效率、精神集中程度及心理状态。人通常在早上的后半段和傍晚的中段神志最清楚。下午的时候人会感到越来越想睡，下午两三点钟是工作效率的"低谷"。体温在下午六点钟到八点钟达到高峰之后，很多人会精神减退。

用你的工作效率最高的时间处理困难的事情，或者从事创意思考。工作效率低的时间则用来看报、整理档案、打扫或清理信件。配合自己的精神状态去工作，可以事半功倍。

第二，事先计划。你开车去不熟悉的地方，会不会先不问路或不带地图？时间管理专家认为，每次花少许时间去预先计划，会收效显著。事先花 20 分钟筹划，稍后就不必花一个钟头去回想该做些什么事。

《生活安排五日通》一书的作者赫德莉克说："不要把所有活动都记在脑袋里，应把要做的事写下来，让脑子做更有创意的事情。"每天都列张工作清单。按照重要程度用数字给它们排次序。要是事情较多，就把最迫切的列为"甲类"，次要的是"乙类"，再其次是"丙类"，或者用不同颜色的笔来分类。

第三，分清轻重缓急。拣出重要的文件，加以分类"处理"（需处理或需交托别人去做的），"阅读"（一有空就要看文件），以及"存档"（将来可供参考的文件）。把"处理"的一堆放在显眼的地方，其余两堆则放在一旁。只把主要的文件放在办公桌上，你就可以避免分心而浪费时间。

第四，闭门谢客。许多人喜欢说他们办公室的门是永远打开的。然而，如果每个不速之客都接待，你也许办不成什么事。应该找些委婉的方式保护自己，避免突如其来的干扰浪费你的时间。公共关系专家列维把他的开门政策稍加变化——让门半掩着。这意义很清楚：他其实不想让你进去。但要有应付不速之客的另一个办法：告诉对方你事务繁杂，向他道歉，然后请他在你不忙或工作效率较低的时间再来。

第五，不受干扰。电话最能帮助我们节省时间，也最能浪费我们的时间。《时间管理新法》一书的作者麦肯齐说，想把长篇大论的来电挂断可以先定个时限，然后用"大致上就是这样了……"之类的话题暗示交谈应该结束了。

打电话之前要弄清楚打电话的用意。如果你要谈好几件事，就先记下来，然后一一照着谈。忙碌的人会希望你直截了当。如果不想让自己打出的电话不受欢迎，就要记下你通常要打电话的对象什么时候最不忙；更好的办法是先约定时间再打重要的电话。

第六，不要光等。如果知道等候是不可避免的，可以随身带些阅读的材料。公事包或者文件夹里放些文件、报告、刊物或剪报。

第七，稍做休息。尽量利用时间并不等于必须每一刻都埋头苦干。做日常工作之际稍做休息，可以帮助你稍后做得更快更好。中午打个盹儿可以恢复体力。运动一下也可以让头脑清醒，身体放松。就算只是交替做深浅呼吸 10 分钟，也有松弛身心的作用，令你精神焕发。

为了让大家每天可以多得一个小时，美国有个钟表匠制造了一种特别的计时器，每分钟只有 57.6 秒。每分钟省下 2.4 秒，一天下来多了近 60 分钟。其实，只要善用时间，你也可以每天"多"一个小时，得益无穷。

时间不能浪费

进行业务，最贵准时。因为准时做事的人，能够不致浪费自己的时间，也不会浪费他人的时间。

拿破仑有一次请他的将士与他聚餐，因为各将士不能依时出席，拿破仑就一人独嚼起来。等到众将士姗姗而来时，拿破仑已经用餐完毕离座了。拿破仑说："诸位！餐时已过，现在我们应该立刻办公了。"

有些青年人，就因为不能准时，从而失去了升职加薪的机会。

在已故的范德比尔特看来，不能准时，简直是一种不可宽恕的罪恶。有一次，他约定一个青年人，于上午10时到他的办公室谈话。事先，这位青年人曾经托范氏替他谋取一个位置。这天，范氏本来预备在谈话之后，领他去见一位铁路总办，因为当时铁路局正需要一个职员。遗憾的是，这个青年人在10时20分才去拜见，但范氏已经不在办公室了，他去出席另一个集会了。几天以后，青年人请范氏再行会见。范氏问他为何上次不准时赴约，青年回答说："先生，我那天是在10时20分到的。"范氏立刻提醒他："但我是约你10时到！""是的，我知道，"青年支吾地回答，"但是20分钟的相差，应该没有什么大的关系吧！"

"不！"范氏严肃地说，"能否准时，是大有关系的。就以此事而论，你不能准时，所以就失去了你想得到的位置；因为就在那天，铁路局已录用了一个职员。而且，容我告诉你，年轻人，你没有权利可以这样看轻我那 20 分钟的时间价值，而让我在这段时间闲着等候你。在这段时间，我正要参加两个重要的会议呢！"

已故的摩根曾告诉他的朋友，他将自己每一小时的时间当作价值 1000 美元来对待。青年人都承认，以摩根那样的人，把自己时间的价值，说得这样高贵，实在不为夸张。然而轮到他们自己，却常要虚掷宝贵的光阴。他们不曾想到，光阴对于自己也许与对于摩根一样的贵重呢！

凡是对于今日的事务不能当日料理完毕，而要挪用"明日"的时间来抵补的，这样的人能够期待在事业上取得成功吗？只有机警、敏捷、一呼即应的人，才是能够取得胜利的人。敏捷的习惯，是可以加强人的力量和各部机能的。

像别的习惯一样，敏捷、准时的习惯能否养成，全看一个人幼年的环境和训练。凡是一个儿童在父母吩咐他做事时，常说："等一等"；教师吩咐他做功课后常常要忘掉；在他游戏没有完毕以前，不肯做任何事情。这样的儿童在长大以后，一定是一个不能敏捷、不能准时的人，一定是一个机会当前也会坐视错过而徒呼奈何的人。

纳尔逊侯爵说："我一生事业之成功，就在每做一事必提前一刻钟下手。"一个成功者应该珍惜自己的时间。世上那些工作紧张忙碌之人，无不设法回避那些消耗他们时间的人，希望自己宝贵的光阴不要因为他们而多浪费一刻。

一个做事有计划的人，无论是老板还是伙计，都应有眼力审视断定顾客对自己生意的价值；对于那些不必要的废话，都应想一个收场的方法，同时他们也绝不会在别人上班的时间内，和他人东拉西扯地谈些无关紧要的话，因为这样无疑是在妨碍人家的工作效率，损害他人应得的利益。

善于应对客人的人，都会在接到来客名单之后，就事先预定花多少时间。罗斯福总统就是这样一个模范人物：当一个久别重逢只求会见一面的客人到来时，他总是在握手寒暄之后，便很抱歉地说，他还有许多别的客人要接见。这样一来，来客就会很简洁地道明来意，告辞而返了。

有一位大公司的经理，一向待客谦和有礼，他每次与来客把事情商洽妥当之后，便很有礼貌地站起身来，向来客握手道歉，叹惜自己不能有更多的时间再跟他多谈一会儿。那些客人对他的诚恳态度都十分满意，而不会认为他很吝啬地只肯会谈两三分钟。

有无数大银行、大公司的经理以及高级职员，都具有这种经过多年经验学来的本领。有不少实力雄厚、目光远大、判断准确、刻苦耐劳的大事业家，都是沉默寡言而办事迅速敏捷的人，他们所说出来的话，句句都是确切而有所目的的。他们从不在这上面多耗费一点一滴的宝贵时间。

当然，一个简捷迅速、斩钉截铁的人，有时也容易招致一些怨恨，但他们绝不把它放在心上；他们为了使事情有所成就、为了遵守规律，不得不与那些与生意没什么关系的人减少来往。

商人最可贵的本领就是与人进行任何来往时都简捷迅速，这是成功者的证明书。一个人唯有彻底认识时间的重要性，才能够竭尽全力去防范那些爱饶舌的人。现代商界中，与人洽谈生意，能利用最少时间产生最大效益的人，首推美国银行大王摩根。他为了严守纪律，而招致了许多怨恨，其实人人都应有这种美德。

他每天上午 9:30 来到办公室,下午 5:00 回家。有人计算他每分钟的收入是 20 美元——据他自己的统计还不止此数。通常他总是在一间宽敞的办公室里,与无数办事人员一同工作,而不像许多商界要人,只和他的秘书在一个房间里。他随时都在指挥手下的员工,依照他的计划行事。如果你走进那间办公室,你很容易会见他,但如果你没有要紧的事,他绝不会欢迎你。

摩根有卓越的眼力,能够猜断一个人要来接洽什么事情。你对他说话,一切转弯抹角的手段都会失去效力,他能够立刻猜出你的真意,这样一来,真不知使他节省了多少宝贵的时间。有些人原本没有什么重要事情需要接洽,只是为了想找个人谈天,而去耗费工作繁忙的人许多宝贵光阴,对于这种人,摩根是不能容忍的。

守时者才能成大事

执行力强的人不会为了昨天的失去念念不忘、耿耿于怀,不会为明天的美丽意气风发、热血沸腾。因为,昨天已经过去,明天无法预知,只有今天真正属于成功的人。他们会珍惜过好每一个今天,不浪费今天去追忆昨天、幻想明天,那么到达生命终点时,他们的人生也毫无遗憾。

时间并不能像金钱一样可贮存起来以备不时之需。我们所能够使用的只有被给予的那一瞬间,也就是今天、现在。因此,抓住每一个今天,你就抓住了全部。一位电台主持人对"只有今天"的技巧和意义有着深刻的亲身体会:

一个不拖延的人不会感觉自己意志薄弱而且缺乏勇气,从不对自己失去了信心。争气的人往往会在日志上写道："就在今天，你也可以成为你现在所处环境的朋友。意志薄弱、没有信心、感到厌烦等情绪问题都不必去理它，明天早上一觉醒来就用冷水摩擦你的脸。不要记挂明天、后天的事。只要好好地充实'今天'，这点应该很容易做得到。只要你切身实行'仅仅今天'，那么一切都会改变。冷水摩擦对于身、心两方面都具有强化的效果。"

于是，他们做到这点，将这个"仅仅今天"的概念广泛运用在日常生活中。诸如痛苦、病痛、厌恶的事也只要在"仅仅今天"忍耐而已。明天可能无法忍耐，但是起码在"仅仅今天"已经忍耐过去了。

执行力强的人认为"无须为明日烦恼忧虑，只需全力以赴地生活在今天"的方式生活做事，对我们的人生可以产生难以估计的力量。

昨天是一张作废的支票，明天是尚未兑现的期票，只有今天是现金，有流通性的价值之物。如果不抓住今天，所有的希望都会消磨，在懒散消沉中流逝。

再说，与其费尽心思把今天可以完成的任务拖到明天，还不如用这些精力把工作做完。任务拖得越后就越难完成，做事的态度就越是勉强。今天能完成的工作，被推迟几天或几个星期后，就会变成负担。在收到信件时没有马上回复，以后再捡起来回信就不那么容易了。许多大公司都有这样的制度：所有信件都必须当天回复。只有今天，更近一步来说，就是珍惜现在的每分每秒。并且，珍惜时间并不只是珍惜你自己的时间，更意味着你要珍惜别人的时间。

"一个人如果根本不在乎别人的时间，"贺拉斯·格里利说，"这和偷别人的钱有什么两样呢？浪费别人的一小时和偷走别人五美元有什么不同呢？况且，很多人工作一小时的价值比五美元要多得多。"

华盛顿总统四点钟吃饭，有时候应邀到白宫吃饭的国会新成员迟到了，这个时候华盛顿就会自顾自地吃饭而不理睬他们，这使他们感到很尴尬。华盛顿经常这样说："我的表从来不问客人有没有到，它只问时间有没有到。"他的秘书找借口说，自己迟到的原因是表慢了。华盛顿回答说："那么，或者你换块新表，或者我换个新秘书。"

昆西·亚当斯也从不拖延。议院开会时，看到亚当斯先生入座，主持人就知道该向大家宣布各就各位，开始开会了。有一次发生了这样一件事，主持人宣布就座时，有人说："时间还没到，因为亚当斯先生还没来呢。"结果发现是议会的钟快了三分钟。三分钟后，亚当斯先生像往常一样准时到达。

所以，执行力强的人会每天的太阳落山的时候，勇敢地拍着胸脯子自豪地说："今天，我没有白过。"于是，他们真的把握住了今天。

我们要走出昨天的误区，把握今天的时光。这样才能弥补昨天，充实明天。因此，那些还徘徊在今天和明天的人，那些把今天的任务塞给明天的人，如果想在明天干出一番大事业，成就更好的自我，把握住今天才是最好的选择。

必须有效利用时间

人的一生是有限的，多则百年，少则几十年。如果一个人一生能活到七十岁，那么，他的全部时间就是六十万个小时。但时间又显得是那样的容易逝去，如果你只是活一天算一天，到了三四十岁，就会感到人生的道路已走一半了。人过三十不学艺，结果是无所事事地混过晚年。许多本来可以好好利用的时间，白白地消磨过去。

我们中的许多人都是这样，随意把时间浪费掉，那么，虽然他在此时是自由的，但在即将接踵而来的社会竞争面前，却很可能不自由，就会丧失某些原本属于他的机遇。

一位著名的学者在他的一本关于有效管理时间的书中写道："关于管理者的任务的讨论，一般都从如何做计划说起。这样看来很合乎逻辑。可惜的是管理者的工作计划，很少真正发生作用。计划常是纸上谈兵，常是良好的意见而已，而很少转为实际行动。

"根据我观察，有效的管理者不是从他们的任务开始，而是从掌握时间开始，他们并不以计划为起点；认清他们的时间用在什么地方才是起点。"

人在时间中成长，在时间中前进。唯有时间，才能使智力、想象力及知识转化为成果。人的才能得到充分的发挥，尽快踏上成功之路，若没有充分利用时间的能力，不能认识自己的时间，计划自己的时间，管理自己的时间，那只会失败。

时间，是成功者前进的阶梯。任何人想要成就一番事业，都不可能一蹴而就，必须踩着时间的阶梯一级一级攀登。

时间是成功者胜利的筹码。成功要有个定向积累的过程，世界上从来没有不花费时间便唾手可得的成功，时间对于你工作的成功意义是巨大的。歌德曾后悔地说："在许多不属于我本行的事业上浪费了太多的时间，"假如分清主次的话，"我就很可能把最珍贵的金刚石拿到手。"我们再假定，如果歌德活到六七十岁即去世，那他的伟大巨著《浮士德》肯定完成不了。

在当今的社会工作中，时间被看得越来越重要，能否有效地运用时间，提高时间管理的艺术，成为决定成就大小的关键因素。由于现代资讯的增加，知识更新周期缩短，使人才越来越带有不固定性，有效地对时间进行利用成为需要。

时间是一种重要的资源，却无法开拓、积存或是取代，每个人一天的时间都是相同的，但是每个人却有不同的心态与结果，主要是人们对时间的态度颇为主观，不同的人，对时间都会抱持着不同的看法，于是在时间的运用上就千变万化了。

对时间管理应有怎样的认识，如何与时间拼搏？对任何一个人而言，都具有积极的意义。

时间管理，就是如何面对时间的流动而进行自我的管理，其所持的态度是将过去作为现在改善的参考，把未来作为现在努力的方向，而好好地把握现在，立刻去运用正确的方法做正确的事。

要与时间拼搏，就要明白下面一些理念：时间管理的远近分配。为了能掌握时间，每一个人可根据自己的目标安排十年的长期计划，三年或五年的中期计划甚至季或月的执行计划，计划亦可根据不同的职务层次，安排十年的经营目标或三至五年的策略目标。

第一，为了使有限的时间产生效益，每一个人都应根据对于自身意义的大小将其设定的目标编排出行事的优先顺序，其顺序为第一优先是重要且紧急的事，第二优先是重要但较不紧急的事，第三优先是较不重要但却紧急的事，第四优先才是较重要且并不紧急的例行工作。

第二，任何的目标达成都会因人、财、物三种资源的限制，而如何客观地找出这些限制因素，并寻求不同的突破方法，可使得目标的达成度增高，亦表示预期目标的实际性，以避免理想成为空想，时间白白虚度。

第三，时间管理的计划效率。没有计划，行动的效率就会大打折扣，而计划后也才能看出实际行动中可能产生的风险，以提醒自己注意，使理想与现实能够结合。

第四，时间管理的结果、评估。任何的行动，都必须对其结果进行评估，以清楚地了解目标计划的超前与落后，各种未曾预测到的限制发生与可能的风险因素，以重新调整或改进，使整个时间的流动皆踏踏实实。

我们要与时间拼搏，就是要有效地管理我们的时间。让有限的时间对于我们的工作具有更大的意义。

珍惜时间，不做无意义的事

不要浪费时间。它的含义是说不要因为睡觉、玩耍、闲逛等没有价值的事，过多的使用时间。但还有更重要的一点是说不要做没有结果的事情。没有结果的事就是不值得做的事情。

做不值得做的事，会让自己误认为完成了某件有意义的事情，从而心安理得；做不值得做的事，会消耗自己做有价值的事的时间；做不值得的事，就是浪费自己的生命。

而对于想做一件事，一直做不出名堂的人来说，拿破仑·希尔的观点是，如果一开始没成功，再试一次还不成功就该放弃，愚蠢的坚持毫无益处。

琐碎而无价值的工作指的是一些不重要的任务或工作，而且报偿低。它消磨你的精力和时间，因此你不能处理更为重要且当务之急的工作。琐碎无价值的工作可能是将文件归档、清理办公室抽屉、日常文书工作或者没有紧迫任务时，任何人都可以做的那种工作。

那么怎样才能不做不值得做的事呢？

作为管理人员你可以在你的办公桌前放一块字牌："任何时候，只要可能，我必须做最有效的事情。"以此，尽可能减少琐碎无价值的工作。当你开始做琐碎工作，作为拖延重要工作的借口时，看看字片就知道自己又在浪费时间了。

当你陷入琐碎工作中时，一定要自我反省。问问自己：你现在的动作是否接近最优先考虑的事情。如果不是，就终止它们，并着手重要的事项。让自己变成现代的时间驾驭者，减少例行公事，并多参与困难的决策和计划。如此一来，你就会增加自身的价值和晋升的机会。

有人把浪费自己的生命，同时也耽误别人时间的人，如同"时间大盗"。这种比喻尽管有点不留情面，但是，无缘无故耽误别人的时间，也确实可恶。不管你有多忙，恨不得把一分钟当作两分钟来用，有些人还是三天两头给你打电话，或不断找上门来让你帮忙，甚至到你家中没完没了地坐着聊天，或请你去吃饭、喝酒、娱乐……

为了取得成功，坚定自己的信念，不做不值得做的事情。

学会运用碎片时间

善于运用零碎时间用来从事工作，你发现会很快提高工作效率。俗话说：滴水成河。用"分"来计算时间的人，比用"时"来计算时间的人，时间多 59 倍。

达特茅斯医药学院睡眠诊所主任彼得·哈瑞博士的研究表明：大多数成年人每天平均睡眠在 7~7.5 小时，但是对很多人来说，6 个小时甚至 5 个小时的睡眠，就已经足够了。超过你需要的睡眠只是把时间耗掉而已，对健康不但无益而且可能有害。

哈瑞博士说："要找出你需要多少睡眠，你应该以不同的睡眠长度来做试验，每一种试验一或两个星期。如果你只睡 5 个小时，仍然觉得心智敏捷，工作有效率，那就用不着强迫自己躺在床上7个小时。如果你睡了8个小时，仍然觉得软弱无力，难以集中精神，那你可能就是那些需要10个小时睡眠的人之一。"

根据弗吉尼亚大学精神病学系睡眠试验室主任罗勃·范卡索博士所说，人所需要睡眠长度的不同，似乎和新陈代谢、身体状况以及从白天活动中得到的乐趣有关。他说："做无聊而令人厌烦的工作，会使人以更多的睡眠，来避免面对每天冗长而乏味的例行工作。因此，我不会要求每一个人都制定一个同样的睡眠时间表，但是大多数的人就是比平时少睡很多，仍然能够过得不错。"

还应该注意到的就是有些情况会影响人的睡眠：在感到特别有压力或生病的时候，人就会需要更多的睡眠。

很多成功的人认为他们成功的一项重要因素，是他们遵从了富兰克林的建议而获得更多时间。富兰克林的建议是："懒人睡觉时，你要刻苦奋进。"已故希腊船业巨子奥纳西斯常常在清晨五点钟就起床了，并且认为这个良好的习惯帮助他成功。新奥尔良著名的欧吉斯纳诊所的阿尔顿·欧吉斯纳博士，发现他一天只要睡4小时就足够了；而著名的心脏外科医生麦克·戴贝克也有同样的发现（他们两个人都采取一种只睡4小时的做法，但是白天如果觉得疲倦了，就小睡5~10分钟）。发明家富勒曾经采取每3个小时小睡半小时，24小时合起来只睡4小时的做法，实行了一阵以后，因为有碍业务，才放弃了这种做法。

当然，这些都是特殊的人。如果你只睡6小时仍然觉得很好，那就不必睡8小时。一天节省两个小时，星期一到星期五就节省了 10 小时，每个月就是四十多个小时——每个月比别人多一个星期。

如果认为这样野心太大了，那么想想看每晚少睡一个小时会怎么样，等于是一年比别人多 6 个星期，以一生工作时间来算，就是多五年。

所以我们需要的是：起来工作吧！

不要把一些短暂的时刻（约了一起吃中饭的人迟到时，或在银行排队，向前移动缓慢时）视为虚耗掉的时间，而要当成意外的收获，可做一些平常要延缓去做的某些事情。

推销员常常发现在接待室等待和顾客面谈的时间，足够他办完所有纸上作业：写一份和上一位顾客面谈的报告、写给顾客以及可能成为顾客的人的信件，计划以后拜访哪些人，填写支出费用报告，等等。每一个人都可以找些适当的小工作，利用这种零碎时间来完成，只要把必备的表格或资料带在手边就可以了。

不要认为这种零碎的时间只能用来办些例行纸上作业或次优先的杂务。最优先的工作也可以在这少许的时间里来做。如果把主要工作分为许多小的"立即可做的工作"，我们随时都可以有费时短却重要的工作可做。

因此，如果时间因为别人没效率而浪费了，要记住：这还是自己的过失，而不是别人的。

荣获 1930 年诺贝尔物理学奖的印度学者雪曼说："每天不浪费或不虚度或不空抛剩余的一点点时间，即使只有五六分钟，如果用得好，也一样可以有很大的成就。游手好闲惯了，即使有着聪明才智，也不会有所作为。"

但是有的人不太珍惜时间，认为点滴的时间就那么一点点，而且是"零零碎碎"的，能学到什么东西？一点一滴可谓微也，但滴水可以汇成大河、大江、大海。宋代文学家苏东坡有这样的诗句："竹中一滴曹溪水，涨起西江十八滩。"

汇涓涓细流以成大海，积点滴时间以成大业。事物的发展变化，总是由量变到质变的。"点滴"的时间看起来很不显眼，但这些零零碎碎的时间积累起来却大有用场。史书上记载了陶宗仪"积叶成书"的故事。陶宗仪是元末明初人，在江苏松江做乡村教师时，亲自耕田种地，休息时，常把自己的治学心得、诗作、所见所闻，随手写在摘下来的叶子上，放进一个瓮里。满了就埋在树下，如此日复一日，年复一年，装满了十多瓮。后来，他将这些瓮挖出来，将叶子上的文字摘录、整理，这就是我们今天看到的共有三十卷的《辍耕录》。

唐代著名诗人李贺只活了二十七岁，却存诗千首。他写诗如泻珠吐玉，呼之即出，如此成就，与他"每旦日出，偶有所得，书投囊中，及暮归，足成之，日率如此"是分不开的。宋代诗人梅圣俞不论吃饭、睡觉、外出，每有所得就很快写下来放到随身的一个袋子里，所以"梅圣俞的诗袋"被当作佳话在文坛流传。

还有北宋著名女词人李清照和她的丈夫赵明诚在饭后，常常在一起喝茶。夫妇约定：喝茶时，她或他随便讲一件史事，谁先背出这个典故出自某书某页，谁就可以品茶一杯，答不出的，只能闻闻茶香。计算一下，一天三顿饭，每顿饭只问书中一件事，一天就可温习三件事，一个月就可以温习九十件事，一年甚至十年，光饭后茶余的点滴时间，所温习掌握的知识就非常可观了。

知识做梦做不来，伸手要不来，只有靠刻苦学习，日积月累。毛泽东在湖南第一师范求学时，在一个同学的笔记本上写道："百文之台，其始则一石，由是而二石焉，由是而三石焉，四石以至千万石焉，学习亦然。今日记一事，明日悟一理，积久而成学。"

有的人觉得，读书、写作、科研，就得有大块时间，零散时间在他们看来是微不足道的，谁要这样想和这样企求，谁就永远做不成大事。

历史学家吴晗曾经说过："那些年总想找个比较长的完整时间写东西……光写文章，这个不现实的主张想法，害苦了自己，老是在等，总等不来，可以利用的时间也就轻易地滑溜过去了。如今，不这样想了，一有时间就写，化零为整，许多零碎时间妥善地利用起来，不就是一个大整数？这笔账过去不会算，自己想想，真是蠢得可以！"

平时，我们常想一篇很有价值的论文、一部想象丰富的科幻小说、一篇说服力强的政论文的作者从哪里收集这么多的资料呢？其实这绝非朝夕之功，而是日积月累、辛勤劳动的结晶。没有平日的艰苦努力，企图在一个早晨突然成为世界上智力超凡的人物，那只能是空想。

时间像水珠，一滴滴水珠分散开来，可以迅速被汽化，变成雾飘走；集中起来，可以变成溪流，变成江河。集中的方法之一是用零碎的时间学习整块的东西，做到点滴积累，系统的提高。获取高深的知识，没有"捷径"可走，只能靠平时一点一滴地积累，才能实现。我们应该以陶宗仪、李贺等为榜样，在学习中注意点滴积累，系统地提高，不断攀登科学文化的高峰。

重视时间的价值

在富兰克林报社前面的商店里，一位犹豫了将近一小时的男人终于开口问店员了："这本书多少钱？"

"1美元。"店员回答。

"1美元？"这人又问，"你能不能少要点？"

"它的价格就是1美元。"没有别的回答。

这位顾客又看了一会儿，然后问："富兰克林先生在吗？"

"在，"店员回答，"他在印刷室忙着呢。"

"那好，我要见见他。"这个人坚持一定要见富兰克林，于是，富兰克林就被找了出来。

这个人问："富兰克林先生，这本书的最低价格是多少？"

"1.25美元。"富兰克林不假思索地回答。

"1.25美元？你的店员刚才还说1美元呢！"

"这没错，"富兰克林说，"但是，我情愿倒给你1美元也不愿意离开我的工作。"

这位顾客惊异了。他心想，算了，结束这场自己引起的谈判吧，他说："好，这样，你说这本书最少要多少钱吧。"

"1.5美元。"

"又变成1.5美元？你刚才不还说1.25美元吗？"

"对。"富兰克林冷冷地说，"我现在能出的最好价钱就是1.5

美元。"这人默默地把钱放到柜台上，拿起书出去了。这位著名的物理学家和政治家给他上了终生难忘的一课：对于有志者，时间就是金钱。

你热爱生命吗？那么别浪费时间，因为时间是组成生命的材料。记住，时间就是金钱。假如说，一个每天能挣20元的人，玩了半天，或躺在沙发上消磨了半天，他以为他在娱乐上仅仅花了6元钱而已。不对！他还失掉了他本可以获得的20元钱。记住，金钱就其本身来说，绝不是不能升值的。如果谁毁掉了最初的钱，那就是毁掉了它所能产生的一切，也就是说，毁掉了一座财富之山。

这是成功学大师所普遍推崇的美国著名的思想家

本杰明·富兰克林的一段名言。它通俗而又直接地阐释了这样一个道理：如果想成功，必须重视时间的价值。

拿破仑·希尔指出：利用好时间是非常重要的，一天的时间如果不好好规划一下，就会白白浪费掉，就会消失得无影无踪，我们就会一无所成。经验表明，成功与失败的界线在于怎样分配时间，怎样安排时间。人们往往认为，这儿几分钟，那儿几小时没什么用，但事实上它们的作用很大。

大部分的人总是在抱怨他们的时间不够多，事情做不完。

对每个成功的人来说，时间管理是很重要的一环。时间是最重要的资产，每一分每一秒逝去之后再也不会回头，问题是如何有效地利用你的时间呢？

研究时间管理之道，首先必须知道，一个小时没有60分钟。

事实上，一个小时内只有利用到的那几分钟而已。

　　大家一天要浪费几个小时呢？如果真想知道，不妨来做一个实验。首先，找一份记事历，把每一天划分成 3 个小时的区域。其次再把每个小时划成 60 分钟的小格。在这整个星期里面，随时把所做的事情记录在划分的表格中，连续做一个星期试试看，再回过头来检查一下记事历，就会发现，由于拖延和管理不良，浪费了多少宝贵的光阴。

　　当人们了解到是如何在使用时间之后，再回头重做一次实验。这一次多用点心来计划时间，把需要做及想要做的事仔细安排进你的时间表，再看效率是否会高一点。

　　记住一件事，时间所拥有的价值远不止我们所看到的那么多。

精确计算你的时间

　　要想赢得时间，首先必须清楚时间是怎样被耗费的。而要想知道时间的耗费情况，又必须先记录时间。

　　我们应该养成勤于记录时间消耗的习惯，就是在做完一件事之后，立即记录下所耗费的时间，每天一小结，连续记一周、两周或一个月，然后进行一次总体分析，看看自己的时间究竟用到什么地方，从中找出浪费时间的原因。

　　专家研究证明，凡是这样做的人，对节省时间、提高效率，收效甚大。

　　现在人们常常把"应该"花费的时间，看成实际已经花费的时间，而这两者往往是不相等的两个量。

如果人们问一位领导："您今天上午做了什么，花了多少时间？"答曰："起草报告花了3小时。"其实，在这3小时中，他喝茶、抽烟花费了18分钟；中途休息了两次，花费了23分钟；与同事聊天花费了27分钟；接了三次电话，花费了5分钟。这样，闲杂事务总共花费了1小时13分钟，实际上真正用于起草报告的时间只有1小时47分钟。可见浪费的时间多么惊人。

因此，进行时间消耗记录，对时间使用进行统计分析，对于每个人提高时间利用率，是一件十分有利的工作。

这里介绍一位苏联昆虫学家柳比歇夫的时间统计方法。柳比歇夫的一生，成就显赫，硕果累累，他发表了70多部学术著作，写了12500张打字稿的论文专著，内容涉及遗传学、科学史、昆虫学、植物保护、哲学等广泛的领域。在这些成就中，有相当一部分要归功于他那枯燥乏味的日记本——"时间统计册"。

柳比歇夫每天的各项活动，包括休息、读报、写信、看戏、散步等，支出了多少时间，全部历历在案。连子女找他问话，他解释问题，也都在纸上作记号，记住花了多少时间。每写一篇文章、看一本书、写一封信、不管干什么，每道工序的时间都算得清清楚楚，内容之细令人惊讶。在1964年4月8日这一天，他这样记录道：

"乌里扬诺夫斯克。1964年4月8日。分类昆虫学：鉴定袋蛾，结束——2小时20分。开始写袋蛾的报告——1小时50分。

"附加工作：给达维陀娃和布里亚赫尔写信，6页——3小时20分。

"路途往返——50分。

"休息——剃胡子。《乌里扬诺夫斯克真理报》——15分；《消息报》——10分；《文学报》——20分；托尔斯泰的《吸血鬼》66页——1小时30分。听《沙皇的未婚妻》……

"基本工作合计——6小时45分。"

柳比歇夫从1916年元旦开始做时间统计。他每天核算自己花费的时间，一天一小结，每月一大结，年终一总结，直到1972年他去世那一天，57年如一日，从未间断。他每天记下每件事情的起讫时间，相当准确，误差不超过5分钟。他将所有毛时间都被扣除，只注意每天纯时间的数量。

他介绍说："工作中的任何间歇，我都要刨除。我计算的是纯时间，纯时间要比毛时间少得多。所谓纯时间，就是你花在这项工作上的时间。"

经过准确的时间统计，柳比歇夫把一昼夜中的有效时间即纯时间算成10小时，分成3个"单位"，或6个"半单位"。分别从事两类工作。第一类是创造性的科研工作，如写作、研究、做笔记等；第二类是不属于直接科研工作的其他活动，如做学术报告、讲课、开学术讨论会、看文艺作品等。除了最富于创造性的第一类工作不限死时间以外，所有计算过的工作量，都竭力按时完成。

1966年，在他76岁时，用来处理第一类工作的时间，平均每天为5小时13分。天天如此！5小时内绝没有歇会儿抽支烟的工夫，没有聊天谈话，没有溜达散步，也没有听别人的谈笑风生。这是真正不打折扣的5小时！

学习柳比歇夫的时间统计方法，我们会终生受益。

学会赢得时间从重视每一天开始。重视一天即意味着连现在的一小时也很重视，重视一小时即意味着连目前的一分钟也要重视，而重视时间即意味着重视每一瞬间。

出身贫寒，却因为不断努力而闻名世界的法国昆虫学家法布尔，是一个很重视时间的人。法布尔说："忙得连一分钟休假时间都没有，对我来说才是最幸福的事。工作就是我最重要的生活意义。"他是非常努力的人，从少年时代对昆虫有兴趣后，为了更深入研究，遂倾尽心力，即使一分一秒也不浪费掉，因此他最后完成了一部名著《昆虫记》。

我们常常说："今天一定要达到这个标准。"可是这并不表示只要在今天结束以前能实现目标就好了。有句话说："时间就是现在。"其意思就是要我们现在立刻出发。"今天这一天"并不仅指24小时，应该还指着现在的一小时或一分钟。所以，要你"今天一整天去奋斗"，也就是要你把握住现在的每一小时，每一分钟奋斗的意思。

常有人说，要写一本书实在是一件大事情。但目前一边上班、一边写小说的人却越来越多。因为他们平时上班总是朝九晚五，难以利用白天的时间，因此他们都利用上班前的5分钟来写小说，这样慢慢地写下去，不久就可以完成一本书，像这种5分钟的累积是很重要的。

存钱也是一样，想一下子就存大钱，会对正常的生活产生影响。假如每天存一点点，10元也好，20元也好，慢慢存下去，不久后就会变成大钱了。

只要能够养成珍惜每一刻而去努力的习惯，这样累积下去，就会产生意想不到的结果来。

学会管理闲暇时间

有个叫尼特的心理学家，通过对百年来活跃于世界实业界的人士调查发现，这些人成功的关键在于，他们善于利用闲暇时间去学习。

什么是闲暇时间呢？一般来说，闲暇时间就是可以供人们自由支配的时间，也就是我们平常所说的业余时间，也有人称之为"八小时之外"。但是，严格地说，真正的闲暇时间应该排除用于家务、饮食等方面的时间，即完全可供个人自由支配的时间。自由，是闲暇时间的一个特点。

一般来说，工作时间不能自由支配，工作时间的流向是基本确定的，具有一定的稳定性和限制性。然而，闲暇时间却截然不同，它没有强行规定人们的去向，自由度很大，基本上可以凭自己的兴趣加以选择。在闲暇时间中，人们为了满足自己的需要，可以去充分从事能够反映自我个性的、有价值、有意义的活动。闲暇时间的价值是很高的，它犹如编织知识网络来回游动的梭子；对于发明创造来说，它是一种激发人的心理潜力的因素。

希腊伟大的思想家亚里士多德喜欢在闲暇时间捕捉蝴蝶和甲虫，他利用闲暇时间积累了人类历史上第一批昆虫标本，成为第一个昆虫分类学者。

达尔文从小就对打猎、旅行、搜集生物标本有着特殊的爱好，上大学时又利用闲暇时间广泛采集植物、昆虫和动物标本，后来业余爱好发展成为专长，成了举世闻名的生物学家。

在近现代自然科学领域做出了奠基性贡献的第一批科学家中，有许多都不是以研究自然科学为职业的人。如达·芬奇是弗朗西斯一世的臣仆；天体力学和现代实验光学的奠基人开普勒的正式职业是编辑；现代生理学的奠基人哈维的职业是医生；现代实验磁学的奠基人基尔伯特是御医；创立解析几何的笛卡儿是军官；与牛顿同时发明了微积分的莱布尼兹是外交官……他们都是利用闲暇时间，不断积累，最终才有后来成就的。

17世纪以后，在自然科学突飞猛进、日趋专业化和精密化的情况下，业余研究仍然是科学研究的一支重要的生力军，有不少第一流科学家是从业余研究走上科学研究道路的，如达尔文、戴维、爱因斯坦等。

善于利用闲暇时间，就要确立闲暇时间是一笔宝贵财富的观念。有人算了一笔账，虽然对于正在工作和学习的人来说，在一天里闲暇时间几乎等同于工作时间，但从一生来看，闲暇时间几乎四倍于工作时间。

闲暇时间是有志者实现志向的大好时光，是创业者艰苦创业的良时美辰。另外，在闲暇时间里，人们的体力和脑力得到了补偿，家庭关系更加和睦，社会交往不断扩大，人与人、人与社会的关系进一步融洽；在闲暇时间里通过开辟"第二职业"使自己的才能得到充分发展；通过业余学习和高尚的娱乐，使自己的知识结构得到改善和提高，人格得到充分的修养和完善。

对脑力劳动者来说，闲暇时间有时比苦思冥想更能促进思想上的突破，它能激发人的心理潜力，使大脑皮层在几十年里收藏的各种材料、经验——沟通，产生新的闪光思想。如果只把"八小时以内"看作真正意义上的一天，而把闲暇时间只当作这三分之一时间的附属品，怎么能指望享受一天快乐的生活呢？又怎么能指望取得人生的更大成功呢？

科学地安排闲暇时间的方式是多种多样的，也是因人、因地、因时而异的。主要有以下几种方式。

一是开发式，就是把闲暇时间作为开发自己潜能、实现自我价值的时间。

二是结合式，闲暇时间与工作时间是相互反馈、相互影响的，结合式实际上就是把闲暇活动作为本职工作的延伸与扩展，专业知识的储备和补充。

三是陶冶式，即在闲暇时间里从事多种有益活动，以陶冶性情，增长学识。

四是调剂式，即闲暇活动与工作互相调剂，如脑力劳动者在闲暇时间最好是干些体力活儿，室内工作者在闲暇时间最好到室外去，工作是逻辑思维的闲暇时间应以形象思维为主。调剂的另一层意思是做到紧松、忙闲、劳逸、张弛相结合。既不是只张不弛、张而忘弛，搞得很紧张，也不要弛而不张，弛而忘张，并力戒一味求闲，闲上加闲，而应该提倡张弛结合，劳逸适度。

闲暇时间是可贵的，闲暇时间是惊人的。据一所世界体育中心调查：一个70岁的人，一生的工作时间是16年；睡眠时间是19年，剩下的便是闲暇时间。可见，所谓时间管理，就其本质来说，主要是对闲暇时间的管理。

今日事，今日毕

本杰明·富兰克林曾说过：今天可以做完的事，一定不要拖到明天。如果我们时时抓住"现在"，那么我们就能完成许多事情；反之如果常想"明天"或"将来什么时候"，我们将会一事无成。

张海迪是著名作家，被誉为"当代保尔"。在5岁时，她因为脊髓血管瘤造成高位截瘫，成了一个残疾儿童。每当她坐在窗口，看着那些上学小孩的身影，心中就无比羡慕，她也想去学校读书啊！可是，对张海迪来说，这只能是梦。

一天，她终于按捺不住心中的渴望，对妈妈说："妈妈，我要上学！"话刚说完，她就看见妈妈背过身，用手摸着脸。张海迪想，妈妈一定是哭了。

妈妈说："孩子，妈妈和爸爸会让你学到知识的！"

见张海迪这样渴望上学，渴望学习知识，妈妈决定说什么也要满足她的心愿，不能去上学，家里请不起老师，爸爸妈妈只能在下班后亲自教她。

张海迪很高兴，也特别爱学习，但手术造成的肋间神经痛时时折磨着她病弱的身躯。有时，她实在感到疼痛或疲倦，连作业都无力完成，就对妈妈说："这些作业我明天再做行吗？"妈妈却郑重地对她说："今日事今日毕！"

听了妈妈的话，张海迪明白，学习是自己的事，绝不能拖拉，就在心里告诉自己："我要像在学校读书的孩子一样，每天完成作业！"于是她每天都订下计划，不完成当天的计划不睡觉，绝不把今天的事拖到明天去做。

就这样，没有机会走进校门的张海迪靠发愤努力，学完了小学、中学的全部课程，还自学了英语、日语、德语等，并攻读了大学本科和硕士研究生的课程。在学习的同时，她还从事文学创作，先后翻译了《海边诊所》等数十万字的英语小说，编著了

《向天空敞开的窗口》《生命的追问》《轮椅上的梦》等书籍。

今天的事情不能拖到明天再做，只有能够掌握好自己时间的人，才能掌握好自己的前途。

李大钊说："我以为世间最可宝贵的就是'今'，最易丧失的也是'今'。"他还引用哲学家耶曼孙的话说："昨日不能捉回来，明天还不确定，而最确有把握的就是今日，今日一天，当明天两天。"

应该懂得，补昨日之非，创今日之是，必须通过今天的努力；谁要想今天胜过昨天，明天又胜过今天，也只有努力于今天；虚度今天，就是毁了昔日成果，丢了来日前程。一个人不抓住"今天"，他就等于丧失了明天，因为当明天到来的时候，又转化成为"今天"。

所以，今天最有潜力，最有价值。只有今天，才能揭示人生的意义；只有今天，才能描绘意想中"明天"的画卷。"今日事，今日毕"应该成为我们的行动格言，应该用智慧开掘今天的宝藏，用汗水开发今天的生活。

第二次世界大战中三巨头之一的丘吉尔，平均每天工作十七个小时，还使得十位秘书也整日忙得团团转。为了提高弛缓的政府机构工作效率，丘吉尔还制定了一种体制，他给那些行动迟缓官员们的手杖上，都贴上一张"即日行动起来"的签条。

"加强责任感，打破条件论；下苦功，抓今天。"这是著名作家姚雪垠在创作《李自成》时，给自己总结的四句座右铭。他不顾年高体弱，坚持每天凌晨三点左右起床，每天工作在十小时以上，节假日也是如此。

丘吉尔和姚雪垠的事例说明，"今日事，今日毕"不仅是人才的成功之道，而且是任何有作为的人在不同的领域有所建树的重要条件。

"今日事，今日毕"，不要等明天再补。

许多人也知道时间珍贵，可总是抓不住，这是什么原因？一个重要的原因是这些人往往只寄希望于"明天"，这些人的一个共同特点，就是喜欢预支时间，总是一次又一次地把希望寄托在明天，所以，许多宝贵的学习时间就这样地在自我安慰中悄悄地跑掉了。他们干一番事业的愿望总在设想阶段。好像一粒种子，在手里老是掂来掂去，总没有机会种到泥土里，让它生根、开花、结果，最后种子也坏了，再也种不下去了。

如果你家务忙，挤去了学习时间，那你不妨看看著名小说《呼啸山庄》作者的故事吧。她承担着洗衣服、烤面包、烹饪等家务，她在厨房干活，带着铅笔和纸，一有空隙就写。

如果你劳累困倦了，你就想想著名山水画家黄宾虹的一句名言："有谁催我，三更灯火五更鸡。"

如果你玩性十足，不能控制自己，那你就学学列宁放弃多年爱好下棋的决心。列宁小时候是个棋迷，他的父亲、哥哥都很爱下棋，他更加入迷，甚至还和朋友通信都谈下棋。但是，当列宁一开始挑起革命重担后，他就坚决不再下棋了。

要把今天的事情做完，首先要合理安排自己的时间，千万不要把时间平均分配，而是应该把有限的时间集中到处理最重要的事情上，要机智而勇敢地拒绝不必要的事和次要的事。要善于把握时间，每一个机会都有可能是事情转折的关键时刻，有效地抓住时机，就可以牵一发而动全局，要用最小的代价取得最大的成功，促使事物往好的方面转变，推动事情向前发展。